어휘를 알아야 만점을 잡는다!

스토리텔링식 신교과서 학습을 위한

마법의 상위권 어휘

초등 **1-1** 단계

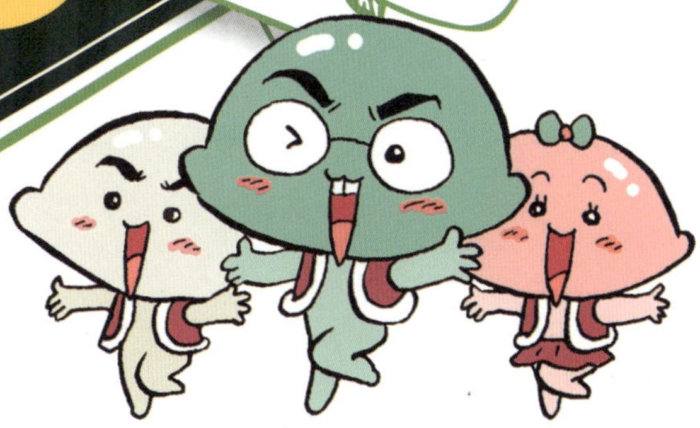

상위권이 되려면 어휘부터 잡아라!

> "한자 공부는 어휘 학습에 꼭 필요해요."

학교 공부란 책을 읽고 그 속에 담긴 지식과 생각을 바르게 이해하고, 자기 생각을 말과 글을 통해 정확히 표현하는 것입니다. 그러므로 학교 공부는 다양한 내용의 어휘를 마음껏 부리어 사용하는 활동이라고 해도 지나친 말이 아닙니다. 학교 공부를 잘하려면 어휘력이 있어야 한다는 말은 그래서 나온 것입니다. 어휘력이 높은 학생이 그렇지 못한 학생보다 좋은 성적을 받고 있는 것은 실험을 통해서도 확인이 된 사실입니다.

어휘력을 키우기 위해서는 어휘 공부를 별도로 해야 합니다. 책을 많이 읽으면 일반 생활 어휘는 익힐 수 있습니다. 그러나 교과서에 나오는 학습 어휘, 예를 들어 축척·등고선·침식·퇴적과 같은 어휘는 동화책이나 인물 이야기에서는 배우기 어렵습니다. 이러한 학습 어휘는 학교 공부에서 중요한 역할을 하기 때문에 따로 배우지 않으면 안 됩니다. 〈마법의 상위권 어휘〉는 학습 어휘를 재미있게 배울 수 있도록 만든 좋은 어휘 교재입니다.

그런데 이러한 학습 어휘는 대부분 한자로 되어 있지요. 그래서 어휘 공부를 하려면 한자를 함께 배우지 않으면 안 됩니다. 문제는 한자 학습법이 아직도 '무조건 외워라' 하고 강요하는 방식이라는 점이지요. 하지만 이제는 바꿔야 합니다. 무조건 외우는 천자문식 학습법 대신, 이 책에서 소개하는 연상 암기법으로 한자를 익히면 쉽고 재미있게 한자를 익힐 수 있을 것입니다. 학습 어휘도 배우면서 초등 필수 한자도 익힐 수 있는 일석이조 학습은 〈마법의 상위권 어휘〉만의 자랑입니다.

• 박원길 전주 성심여고 교사
〈한자 암기 박사〉
〈국가대표 한자〉 저자.
〈마법의 상위권 어휘〉 감수 위원.

상위권 도약의 비결,
바로 언어 사고력을 키워 주는 어휘 학습!

상담을 위해 저를 찾은 학부모님들 중에는 이런 말씀을 하시는 분들이 참 많습니다. 1, 2학년 때만 해도 상위권을 유지하던 아이인데, 학년이 올라가니까 성적이 떨어지고, 공부도 싫어한다는 겁니다. 이런 아이들을 살펴보면, 학습지나 문제집에서 많이 보았던 문제는 잘 풀지만, 조금만 낯선 유형의 문제가 나와도 당황하여 포기하고 말지요. 학년이 올라갈수록 공부는 점점 더 어려워집니다. 어려운 개념도 많이 등장하고, 응용력과 사고력을 요구하는 다양한 유형의 문제들이 많이 나옵니다. 하지만 단순 반복적인 학습지, 그대로 떠먹여 주는 공부법에 익숙해지면, 시험 문제를 풀 때도 머리로 생각하기보다 습관처럼 손이 먼저 움직이기 마련입니다. 당연히 낯선 지문, 낯선 유형의 문제에는 손이 가지 않겠지요.

이 세상의 지문과 문제를 모두 풀어 볼 수는 없습니다. 그래서 새로운 지문과 문제가 나왔을 때 배우지 않고도 짐작할 수 있는 추론 능력이 필요합니다. 〈마법의 상위권 어휘〉에서는 지문을 읽으면서 어휘의 뜻을 유추하는 훈련을 하고, 어휘를 낱글자 별로 뜯어서 분석하는 훈련을 합니다. 이러한 유추와 분석의 과정을 거쳐서 자연스럽게 추론 능력이 생기게 되지요. 이는 오랜 현장 경험을 통해 효과를 검증받은 학습법이기도 합니다. 또 모든 과정이 재미있게 진행되므로 아이들이 싫증 내지 않고 공부할 수 있습니다.

〈마법의 상위권 어휘〉는 상위권 도약을 꿈꾸는 아이들과 학부모들을 위해 마련된 프로그램입니다. 이 책을 만나는 모든 어린이들이 뛰어난 어휘력과 추론 능력을 갖추고 상위권으로 도약하는 기쁨을 맛보기 바랍니다.

• **김명옥** 한국학습저력개발원 원장
〈평생성적, 초등 4학년에 결정된다〉,
〈아이의 장점에 집중하라〉 저자.
〈마법의 상위권 어휘〉 기획 자문 위원.

"어휘 학습으로
언어 사고력을
키워 주세요."

학습 방법론

언어 사고력을 키우는
VIVA 학습법을 공개합니다!

상위권으로 가는 마법의 학습법

Vision 상상

재미있는 이야기 속에서 어휘의 뜻을 상상합니다.

앞집에 사는 민호와 나는 어렸을 적부터 친구예요.
나이도 동갑인 데다가, 같은 유치원을 졸업한 동창이기도 하죠.
하지만 우린 만나기만 하면 싸우는 게 일이에요.
오랜 친구 사이인 민호 엄마와 우리 엄마는 이런 우리를 걱정하세요.
그래서 이번 주에 함께 캠핑을 가기로 결정하셨대요.
협동하여 텐트도 만들고, 식사 준비도 하다 보면 사이가 좋아질 거라나요?
하지만 난 절대로 엄마들의 의견에 동의할 수 없었어요.
싫다고 떼를 쓰고 버텨 봤지만, 엄마는 거들떠보지도 않으셨죠.
민호와 나는 어쩔 수 없이 캠핑에 동행해야 할 것 같아요.
아! 정말 이대로 캠핑을 가야 할까요?

Insight 통찰

낱글자 풀이를 보며 어휘의 구성 원리를 터득합니다.

통행 오갈 通 / 다닐 行
▶ 오가며 다님.

일정한 장소를 오가며 지나다니는 것을 통행이라고 해요.
지하철역은 사람들의 통행이 많은 곳이에요.
통행하는 사람이 많은 곳에서 함부로 장난을 치면 안 돼요.

보행 걸을 步 / 다닐 行
▶ 걸어 다님.

걸어 다니는 것을 말해요. 위험한 공사를 하는 곳에서는
사람들의 안전을 위해 보행하는 길을 따로 만들어 놓기도 해요.

보도 걸음 步 / 길 道
▶ 걸어 다니는 길.

걸어 다닐 때 사용하는 길이에요.
길을 걸어 다닐 때에는 보도로 다니고,
길을 건널 때에는 횡단보도로 건너야 해요.

이야기로 익힌다!

- 재미있는 이야기로 공부 부담을 줄입니다.
- 이야기 속에서 어휘의 뜻을 상상하며 유추의 힘을 키웁니다.
- 이야기 속에서 상상한 뜻을 맛보기 문제를 풀며 확인합니다.

저절로 외워진다!

- 초등학교 학습 어휘의 90퍼센트 이상은 한자 어휘이며, 한자 어휘는 한자가 둘 이상 모인 복합어입니다.
- 어휘 속에 들어 있는 한자의 뜻만 알아도 어휘 뜻이 술술 풀립니다. 낱글자 풀이를 보며 어휘의 뜻을 파악하면서, 어휘의 구성 원리도 터득합니다.
- 한자 학습서의 베스트셀러 〈한자 암기박사〉의 학습법을 적용. 이야기를 읽다 보면 한자가 저절로 외워집니다.

"엄마를 놀라게 하는 학습지!"

Variety 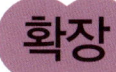 확장

하나를 알면 열을 알듯이, 중심 어휘와 관련된 어휘들을 꼬리에 꼬리를 물듯 배웁니다.

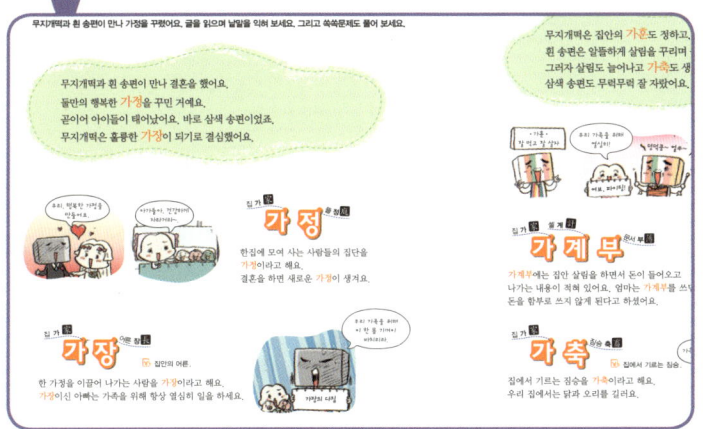

어휘가 꼬리를 문다!

- 같은 한자가 쓰인 여러 어휘들을 꼬리를 물고 배웁니다.
- 이미 배운 대표 어휘와 같은 주제의 여러 어휘들을 꼬리를 물고 배웁니다.

Application  활용

재미있는 게임형 문제로 어휘 활용 능력을 키웁니다.

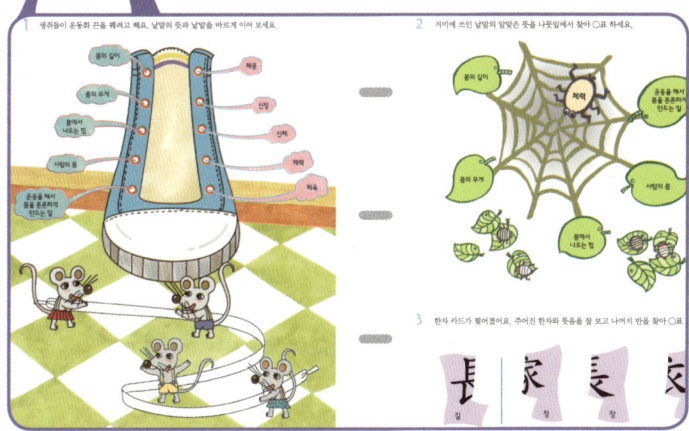

재미있게 공부한다!

- 머리를 자극하는 게임형 문제를 풀다 보면 어휘력이 쑥쑥 자라납니다.
- 친근하고 재미있는 떡 캐릭터와 함께 공부의 즐거움을 느낄 수 있습니다.

학습 내용

마법의 상위권 어휘 무엇을 배울까요?

초등학교 1단계 학습 내용

1-1단계

호		교과서 학습 어휘	한자	연계교과
제1호	01	신장, 신체, 체육, 체중, 체력	長(8급)	바른 생활 / 즐거운 생활
	02	높이, 깊이, 굵기, 넓이, 들이	小(8급)	수학
제2호	01	가정, 가장, 가훈, 가계부, 가축	家(7급)	슬기로운 생활
	02	입원, 접수, 진찰, 수납, 퇴원	入(7급)	바른 생활 / 슬기로운 생활
제3호	01	전용, 금지, 통행, 보행, 보도	行(6급)	슬기로운 생활
	02	달그락달그락, 후드득후드득, 흥얼흥얼, 발름발름, 촐래촐래, 배틀배틀	語(7급)	국어
제4호	01	역할, 처지, 배려, 측은, 공감	地(7급)	바른 생활 / 슬기로운 생활 / 즐거운 생활 / 국어 / 수학
	02	견학, 발견, 견본, 의견, 편견	見(5급)	국어

초등학교 1 단계 학습 내용

〈마법의 상위권 어휘〉는 전체 **5단계 10권**으로 구성되어 있습니다.
초등학교 1단계에서는 초등학교 저학년 어린이가 꼭 알아야 할
중요 어휘들을 공부할 수 있습니다.

1-2단계

호		교과서 학습 어휘	한자	연계교과
제 1 호	01	공통점, 비교, 장점, 단점, 차이점	比(5급)	슬기로운 생활 / 국어 / 수학
	02	분담, 분리, 부분, 분류, 분명	分(6급)	바른 생활 / 슬기로운 생활 국어 / 수학
제 2 호	01	실내, 실외, 국내, 국외, 내국인, 외국인	外(8급)	바른 생활
	02	동갑, 동창, 동의, 협동, 동행	同(7급)	즐거운 생활
제 3 호	01	독주, 합창, 독창, 가사, 합주	歌(7급)	즐거운 생활
	02	인물, 시설물, 물체, 풍물, 생물	物(7급)	바른 생활 / 슬기로운 생활 즐거운 생활 / 국어
제 4 호	01	활동, 동력, 능동, 수동, 변동	動(7급)	바른 생활 / 즐거운 생활 수학
	02	수집, 전집, 집중, 집계, 채집	集(6급)	슬기로운 생활

마법의 상위권 어휘 이렇게 공부하세요!

지문 읽기

글을 읽으면서 주황색으로 된 낱말의 뜻은 무엇인지 머릿속에 그려 보세요. 낱말의 뜻은 글 속에서 익혀야 정확하게 알고 오래 기억할 수 있답니다.

맛보기

지문에 나온 주황색 낱말 중 하나를 골라 빈칸에 답을 써 보세요. 한 번만 써 보아도 어휘를 내 것으로 만드는 데 큰 도움이 됩니다.

돋보기

글을 읽거나 문제를 풀어 보며 학습 어휘를 알아보세요. 한자와 낱글자 풀이를 꼼꼼히 읽으며 설명을 읽으면 쉽게 뜻을 알 수 있어요.

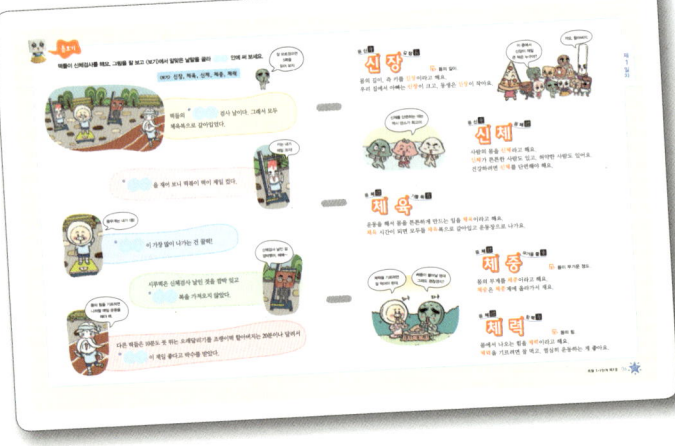

쏙쏙

설명을 다 읽은 다음, 쏙쏙 문제를 풀어 보세요. 머릿속에 어휘들이 쏙쏙 들어올 거예요.

한자가 술술

한자에 관한 설명을 읽고 한자 암기 카드의 문장을 소리 내어 읽어 보세요. 머릿속에 한자가 자연스럽게 그려집니다.

한자 쏙쏙

한자의 음과 뜻에 관한 문제를 풀어 보고 한자를 순서에 따라 써 보세요.

● 각 호는 1주일, 각 권은 1개월 단위의 학습량으로 구성되어 있습니다. 일주일에 한 호씩, 한 달이면 나도 상위권 어휘력을 가질 수 있어요.

도전! 어휘왕

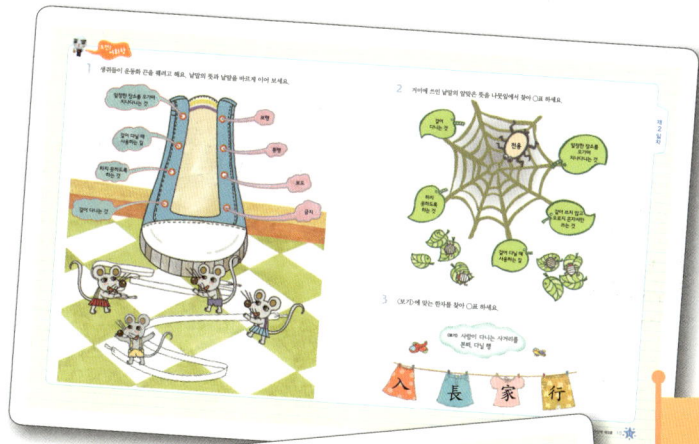

재미있는 게임형 문제를 풀며 어휘력을 키울 수 있어요.
사다리, 미로, 색칠하기, 선긋기 등 다양한 활동으로 재미있게 공부해 봐요.

평가 문제

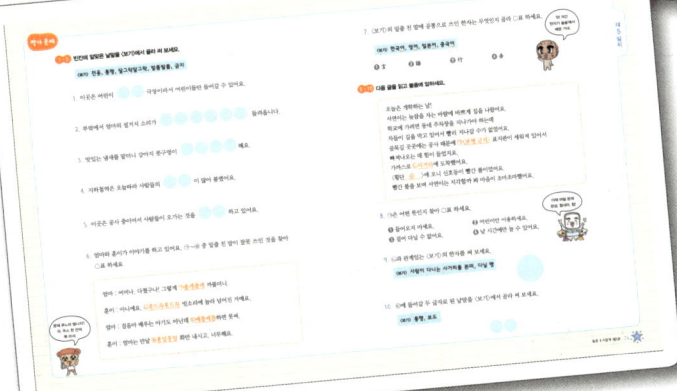

학교 시험 문제와 유사한 유형의 문제를 풀어 볼 차례입니다.
어휘력으로 학교 공부를 잡는다는 말, 여기에서 실감해 보세요!

어휘랑 놀자!

01

아름답고 궁금한 우리말 이야기

교과서에 나오는 순우리말과 속담을 만화로 재미있게 익혀 보세요.

02

비슷해서 틀리기 쉬운 말 비교해서 틀리지 말자

친구들의 글 속에서 잘못 쓴 말을 찾아보세요.
어법에 어긋나기 쉬운 표현을 비교하며 알아보세요.

 주요 등장인물 소개

마법의 **상위권 어휘** 떡 친구들을 소개합니다!

애들아, 안녕?	반가워. 나는 쑥을 넣어 만든 말랑말랑한 떡이야.	얘는 내가 기르는 개, 떡구!
개떡이라 개가 잘 따르는구나.	내 이름은 쑥개떡, 가끔 개떡이라고도 불러.	나는 꿀물을 가득 담고 있는 꿀떡이야.

초등 **1-1** 단계

어휘를 알아야 만점을 잡는다!

스토리텔링식 신교과서 학습을 위한

마법의 상위권 어휘

제 **1** 호

어휘가 쑥쑥 자라요.

부모님과 선생님께서는 이렇게 지도해 주세요

제 **1** 일차	제 **2** 일차	제 **3** 일차	제 **4** 일차	제 **5** 일차
신체검사한 이야기를 읽고, '신체, 신장, 체중, 체력, 체육'을 익힙니다. 맛보기를 풀어 보고, 돋보기에서 어휘의 뜻과 설명을 공부하도록 지도해 주세요.	'長'을 배우고, '長'과 '신체, 신장, 체중, 체력, 체육'에 관련된 문제를 풀어 보며 어휘 학습을 하도록 지도해 주세요.	꿈을 꾸었던 이야기를 읽고, '깊이, 높이, 굵기, 넓이, 들이'를 익힙니다. 맛보기를 풀어 보고, 돋보기에서 어휘의 뜻과 설명을 공부하도록 지도해 주세요.	'小'를 배우고, '小'와 '깊이, 높이, 굵기, 넓이, 들이'에 관련된 문제를 풀어 보며 어휘 학습을 하도록 지도해 주세요.	교재에서 배운 모든 어휘와 한자에 대한 평가 문제를 풀어 보며 어휘 실력을 다지고, 자신의 실력도 평가해 봅니다.

교과서 학습 어휘 01

돋보기) 신체 · 신장 · 체중 · 체력 · 체육

◐ 글 속의 주황색 낱말들은 무슨 뜻일까요? 잘 생각하면서 다음 글을 읽어 보세요.

오늘은 학교에서 신체검사가 있는 날이에요.
옷을 갈아입고 먼저 신장을 재었어요.
내 신장은 127cm. 작년보다 5cm가 더 자랐어요.
그 다음엔 체중을 재었죠.
내 체중은 37kg.
'이럴 수가! 체중이 갑자기 7kg이나 늘다니…….'
깜짝 놀란 나는 당장 오늘부터 열심히 운동을 해서 체력도 기르고 살도 빼야겠다고 생각했어요.
그래서 학교에서 돌아오는 길에 동네 체육공원에 들렀죠.
열심히 달리기도 하고, 체조도 했어요.
한참 운동을 했더니 땀도 나고 피곤했지만 마음이 상쾌해졌어요.
살이 조금 빠졌을까요?
집으로 돌아오는 길엔 마음이 한결 가벼워졌답니다.

 **맛보기** 그림을 잘 보고, 두 개의 낱말 가운데 알맞은 하나를 골라 ◯ 하세요.

1
" (신장) 체육 을 재고 있어요."
▶ 몸의 길이, 즉 키예요. 이것을 잴 때는 신발을 벗고 올라서요.

2
" 신장 체중 을 재고 있어요."
▶ 몸의 무게예요.

3
" 체육 체력 을 기르기 위해 달리기를 해요."
▶ 몸에서 나오는 힘을 말해요.

4
" 체육 체중 시간에 준비 운동을 하고 있어요."
▶ 운동을 해서 몸을 튼튼하게 만드는 일이에요.

5
" 신체 체중 검사를 하고 있어요."
▶ 사람의 몸을 가리키는 말이에요.

돋보기

떡들이 신체검사를 해요. 그림을 잘 보고 〈보기〉에서 알맞은 낱말을 골라 ◯ 안에 써 보세요.

잘 모르겠으면 7쪽을 읽어 봐요.

〈보기〉 신장, 체육, 신체, 체중, 체력

떡들의 ❶ ◯◯ 검사 날이다. 그래서 모두 체육복으로 갈아입었다.

키는 내가 제일 크지!

❷ ◯◯ 을 재어 보니 떡볶이 떡이 제일 컸다.

몸무게는 내가 1등!

❸ ◯◯ 이 가장 많이 나가는 건 꿀떡!

신체검사 날인 걸 깜박했어. 헤헤~

시루떡은 신체검사 날인 것을 깜박 잊고 ❹ ◯◯ 복을 가져오지 않았다.

몸의 힘을 기르려면 나처럼 매일 운동을 해야 해.

다른 떡들은 10분도 못 뛰는 오래달리기를 조랭이떡 할아버지는 20분이나 달려서 ❺ ◯◯ 이 제일 좋다고 박수를 받았다.

신장 몸신身 / 길장長

↪ 몸의 길이.

몸의 길이, 즉 키를 '신장'이라고 해요.
우리 집에서 아빠는 신장이 크고, 동생은 신장이 작아요.

신체 몸신身 / 몸체體

사람의 몸을 '신체'라고 해요.
신체가 튼튼한 사람도 있고, 허약한 사람도 있어요.
건강하려면 신체를 단련해야 해요.

체육 몸체體 / 기를육育

운동을 해서 몸을 튼튼하게 만드는 일을 '체육'이라고 해요.
체육 시간이 되면 모두들 체육복으로 갈아입고 운동장으로 나가요.

체중 몸체體 / 무거울중重

↪ 몸이 무거운 정도.

몸의 무게를 '체중'이라고 해요.
체중은 체중계에 올라가서 재요.

체력 몸체體 / 힘력力

↪ 몸의 힘.

몸에서 나오는 힘을 '체력'이라고 해요.
체력을 기르려면 잘 먹고, 열심히 운동하는 게 좋아요.

제1일차

한자에 대한 설명을 읽고, 한자를 익혀 보세요.

한자를 자세히 보세요. 수염이 긴 노인이 지팡이를 짚고 서 있는 모습처럼 보이나요?
옛날에는 허리가 굽으신 할아버지 할머니가 많았어요. 그리고 대부분 지팡이를 짚고 다니셨지요. 그래서 할아버지, 할머니 하면 당연히 지팡이가 떠올랐어요. 장(長)은 수염이 긴 노인이 지팡이를 짚고 있는 모습을 본떠 만든 글자지요.

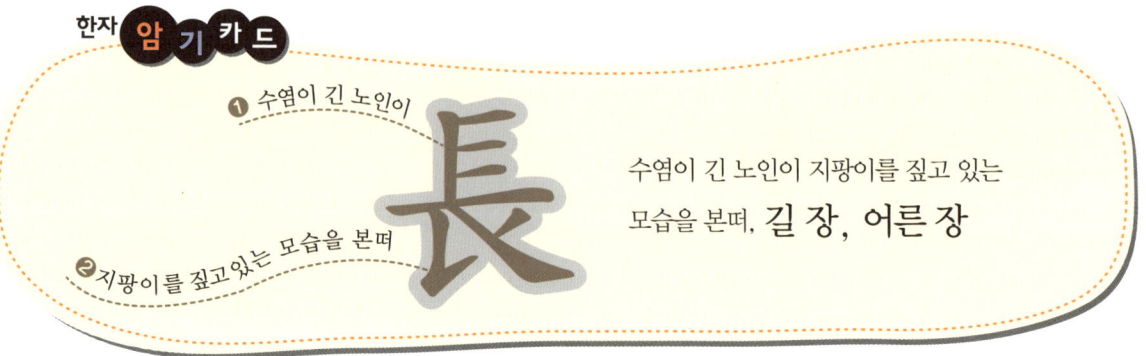

'길 장'은 '어른 장'으로도 쓰여요. 우리 학교에 계시는 교장(校長) 선생님의 장(長)도 바로 '어른 장'이에요. '학교의 어른'이란 뜻이지요.

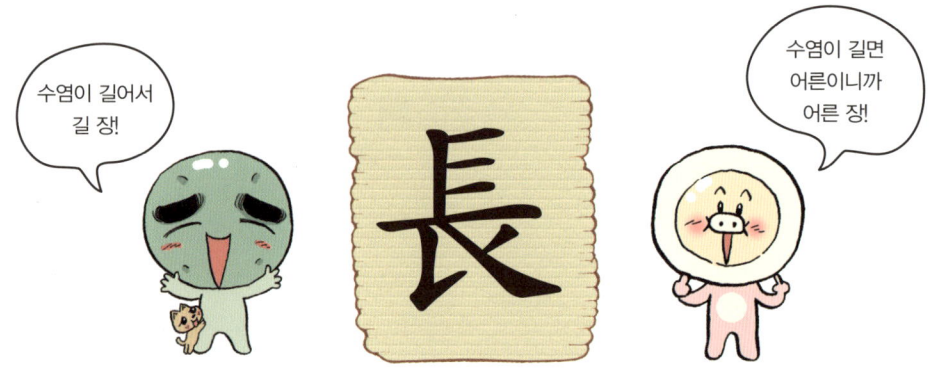

'한자 암기 카드'를 보면서 빈칸에 알맞은 말을 써 보세요.

수염이 긴 노인이 지팡이를 짚고 있는 모습을 본떠, 길 장, 어른 장(長).
長의 뜻은 ① 길 다 , ② 이 른 이고, 음은 ③ 입니다.

1 長이 가진 뜻을 찾아 ➡에서 ●까지 길을 따라가 보세요.

2 인절미 할머니가 長의 음을 틀리게 썼어요. 선 하나를 그어 바르게 고쳐 주세요.

어디에 선을 그어야 하지?

3 '한자 암기 카드'를 생각하면서 長을 순서에 따라 써 보세요.

수염이 긴 노인이 지팡이를 짚고 있는 모습을 본떠, 길 장, 어른 장(長)

1 생쥐들이 운동화 끈을 꿰려고 해요. 낱말의 뜻과 낱말을 바르게 이어 보세요.

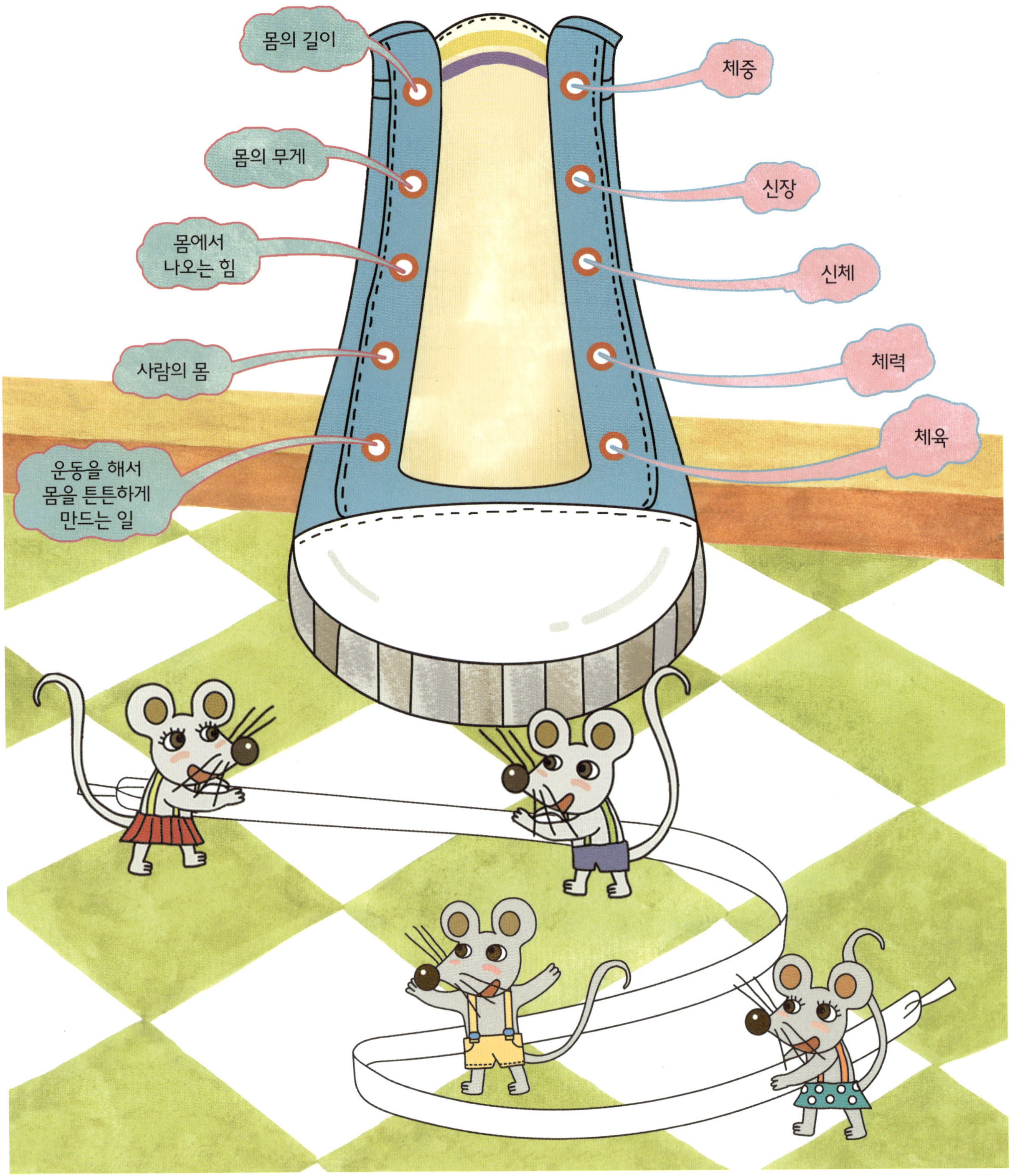

- 몸의 길이 — 체중
- 몸의 무게 — 신장
- 몸에서 나오는 힘 — 신체
- 사람의 몸 — 체력
- 운동을 해서 몸을 튼튼하게 만드는 일 — 체육

2 거미에 쓰인 낱말의 알맞은 뜻을 나뭇잎에서 찾아 ○표 하세요.

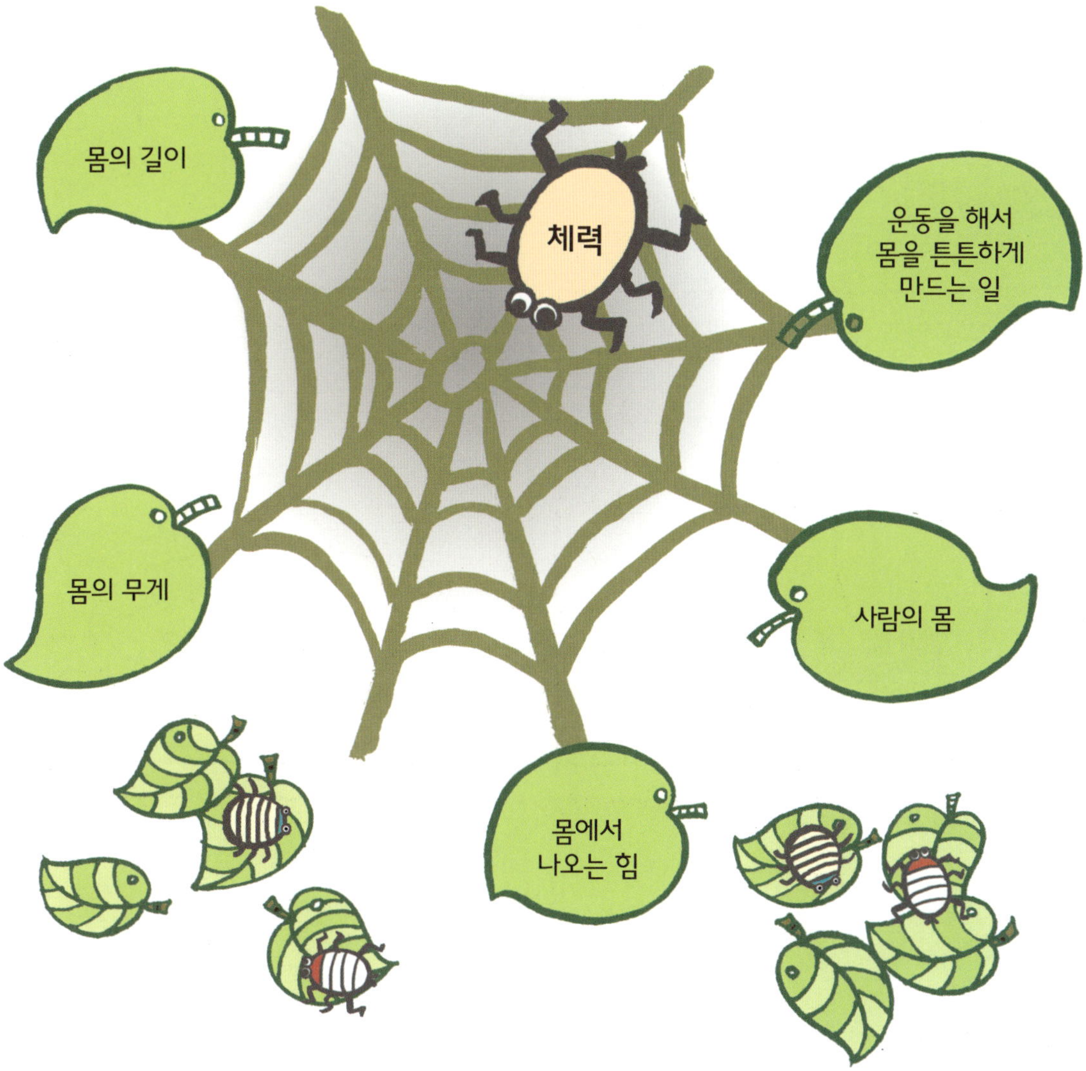

- 몸의 길이
- 체력
- 운동을 해서 몸을 튼튼하게 만드는 일
- 몸의 무게
- 사람의 몸
- 몸에서 나오는 힘

3 한자 카드가 찢어졌어요. 주어진 한자와 뜻음을 잘 보고 나머지 반을 찾아 ○표 하세요.

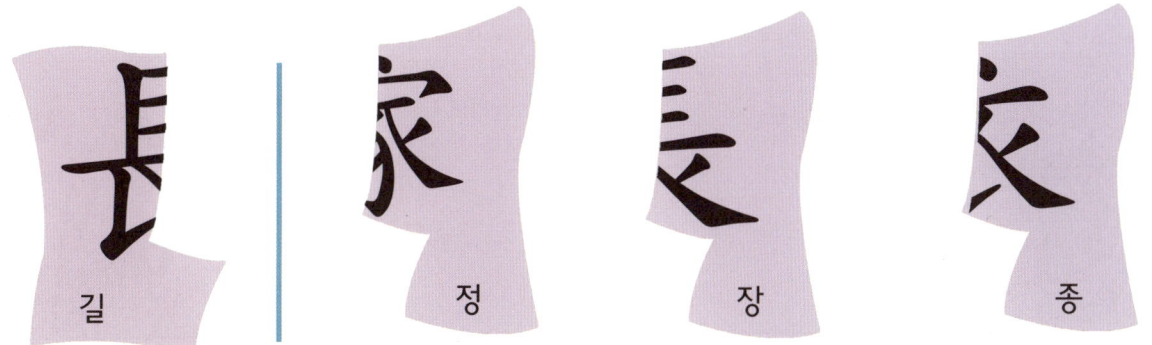

길   정   장   종

어휘랑 놀자 1

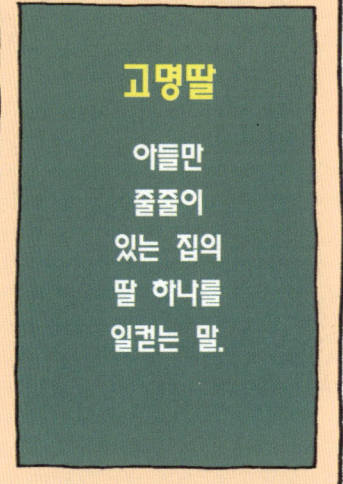

교과서 학습 어휘 02

바른생활 · 슬기로운 생활 · 즐거운 생활 · 국어 · **수학**

🔍 돋보기 깊이 · 높이 · 굵기 · 넓이 · 들이

◐ 글 속의 주황색 낱말들은 무슨 뜻일까요? 잘 생각하면서 다음 글을 읽어 보세요.

일주일 동안 계속 꿈을 꾸었어요.
첫째 날은 바닷속에 들어간 꿈이었어요.
깊이를 알 수 없는 바닷속을 헤매고 다녔어요.

둘째 날은 새가 되어 하늘을 날았죠.
높이를 알 수 없는 높은 건물에서
우리 집까지 훨훨 날아다녔어요.

셋째 날은 숲 속에 갔어요.
굵기가 서로 다른 나무를 올라타며 놀았죠.

넷째 날은 동화의 나라를 여행했어요.
거인국과 소인국 마을의 **넓이**가
무척 차이가 났어요.

다섯째 날은 초콜릿 공장의 주인이
되었어요. **들이**가 모두 다른 병에 초콜릿을
가득 부어 신나게 먹었죠.

오늘은 무슨 꿈을 꿀까요?
알쏭달쏭 궁금한 마음으로 잠이 듭니다.

 **맛보기** 그림을 잘 보고, 두 개의 낱말 가운데 알맞은 하나를 골라 ◯ 하세요.

1

"건물의 ◯높이◯ 들이 가 달라요."
▶ 바닥에서 꼭대기까지의 길이를 말해요.

2
"바닷속의 굵기 깊이 가 달라요."
▶ 겉에서 속까지, 위에서 아래까지의 길이를 말해요.
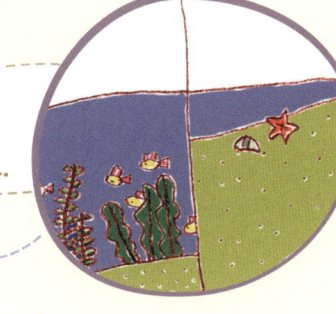

3

"땅의 들이 넓이 가 달라요."
▶ 물건, 건물, 땅의 크기를 말해요.

4
"컵의 들이 굵기 가 달라요."
▶ 통이나 그릇에 가득 들어 있는 양을 말해요.

5

"통나무의 굵기 들이 가 달라요."
▶ 길쭉한 물체의 둘레나 너비를 말해요.

6
"농구 선수의 키가 높다 크다 ."

7

"아줌마의 허리가 굵다 넓다 ."

 돋보기

친구들이 바다 풍경을 보고 있어요.

친구들이 한 말을 보고 ⬚ 안에 들어갈 알맞은 말을 〈보기〉에서 골라 써 보세요.

잘 모르겠으면 17쪽을 읽어 봐요.

〈보기〉 높이, 굵기, 깊이, 넓이, 들이

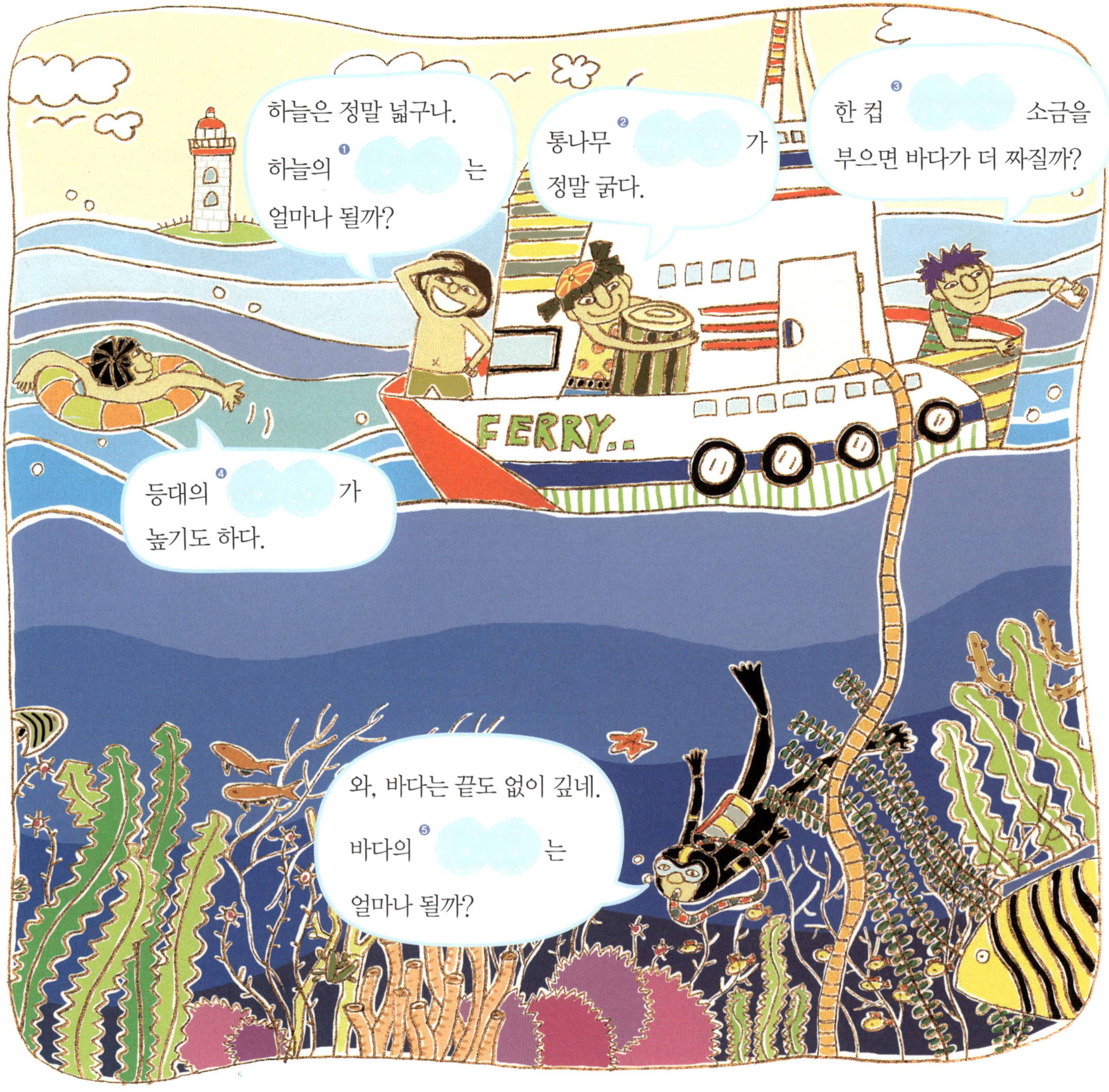

하늘은 정말 넓구나. 하늘의 ❶⬚ 는 얼마나 될까?

통나무 ❷⬚ 가 정말 굵다.

한 컵 ❸⬚ 소금을 부으면 바다가 더 짜질까?

등대의 ❹⬚ 가 높기도 하다.

와, 바다는 끝도 없이 깊네. 바다의 ❺⬚ 는 얼마나 될까?

높이

바닥에서 꼭대기까지의 길이를 말해요. '건물의 높이', '책상의 높이'라고 할 때 '높이'라는 말을 써요.

깊이

겉에서 속까지, 위에서 아래까지의 길이를 말해요.
흔히 바닷속이나 땅속은 '깊다'라고 말해요.
혹시 높이와 '깊이'가 헷갈리지는 않나요?
기준선에서 위로 재면 높이,
기준선에서 아래로 재면 깊이라고 생각하면 쉬울 거예요.

굵기

길쭉한 물체의 둘레나 너비를 말해요.
밤, 대추, 알 따위의 크기가 클 때에도 '굵다'라고 말하지요.

넓이

물건, 건물, 땅의 크기를 말해요.
공이나 지구본처럼 동그랗게 생긴 물건들도
모두 '넓이'를 가지고 있어요.

들이

통이나 그릇에 가득 들어 있는 양을 말해요.
한 컵에 우유가 가득 들어 있으면 '한 컵들이',
바가지에 우유가 가득 들어 있으면 '한 바가지들이'가 되지요.

한자에 대한 설명을 읽고, 한자를 익혀 보세요.

뜻: 작을 | 음: 소
총 3획 | 부수 小

길쭉한 과자를 상상해 보세요.
길쭉한 과자 하나【丨】를 반으로 잘라
둘로 나누면【八】 작아지겠지요【小】?

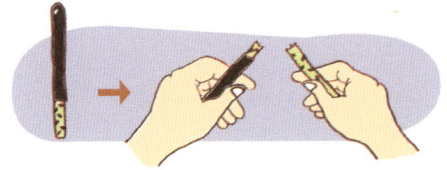

한자 암기 카드

① 물건 하나【丨】를
② 둘로 나누면【八】 작아지니

물건 하나【丨】를 둘로 나누면【八】 작아지니, 작을 소

丨 + 八 = 小
(물건 하나) (나눌 팔) (작을 소)

八은 원래 '여덟 팔'인데 여기에서는 '나눌 팔'로 쓰였어.

뜻: 적을 | 음: 소
총 4획 | 부수 小, 1획

작은【小】 물건을 손【丿】 위에 놓고 보니, 적을 소(少)
반으로 잘라 작아진【小】 과자를 먹으려고
손【丿】에 들어 보면 너무 적은 양【少】이 될 거예요.

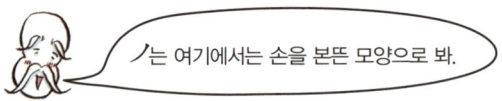

丿는 여기에서는 손을 본뜬 모양으로 봐.

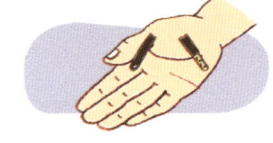

小는 크기가 작을 때 쓰고, 少는 양이 적을 때 써요.

저 벌만큼 축소(縮小)해 주세요. 꿀 좀 먹게요.

다이어트 중이에요. 소량(少量)만 주세요.

'한자 암기 카드'를 보면서 빈칸에 알맞은 말을 써 보세요.

물건 ①〇〇 【丨】를 둘로 ②〇〇 【八】 작아지니, 작을 소(小).

小의 뜻은 ③작〇 이고, 음은 ④〇 입니다.

1 小가 가진 뜻을 찾아 ➡에서 ●까지 길을 따라가 보세요.

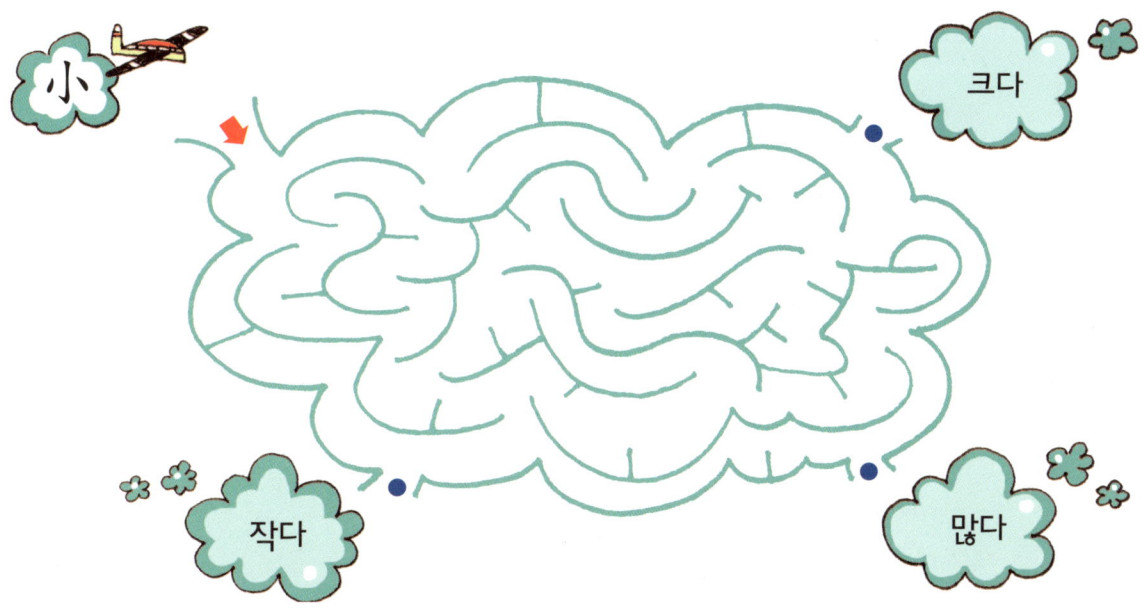

2 小의 뜻이 쓰여 있는 칸을 색칠하면 小의 음이 나와요. 小의 음을 ◯에 써 보세요.

크다	많다	작다	많다	많다
크다	작다	많다	작다	크다
작다	크다	작다	많다	작다
작다	작다	작다	작다	작다

3 '한자 암기 카드'를 생각하면서 小를 순서에 따라 써 보세요.

물건 하나【ㅣ】를
둘로 나누면【八】
작아지니,
작을 소(小)

1. 꽃병에 쓰인 뜻에 맞는 낱말을 꽃에서 찾아 색칠하세요.

2. 〈보기〉에 맞는 한자를 찾아 ○표 하세요.

〈보기〉 물건 하나를 둘로 나누면 작아지니, 작을 소

3 꽃에 쓰인 낱말의 뜻을 찾아 ➡에서 ●까지 길을 따라가세요.

 넓이  깊이  들이

겉에서 속까지, 위에서 아래까지의 길이

물건, 건물, 땅의 크기

통이나 그릇에 가득 들어 있는 양

제4일차

비슷해서 **틀**리기 쉬운 말 **비**교해서 **틀**리지 말자

5월 26일 월요일

오늘은 영재랑 블록 쌓기를 했다. ('쌓기를'이라고 써야 한단다.) 여러 가지 모양이 나왔는데 영재가 내껄 ('내 것을'이 맞아.) 만져서 넘어졌다. 내 블록인데 자꾸 만지니까 화가 나따. ('났다'라고 써야 한단다.)
나중엔 블록이 하나씩 업써졌다. ('없어졌다'가 맞단다.)
영재가 자기만 하려고 다 가꾸갔다. ('가져갔다'라고 써야 한단다.)

*이 글은 초등학교 1학년 어린이가 쓴 일기입니다.

어휘랑 놀자 ❷

블록은 '쌓다', 가방은 '싸다'

블록은 '쌌다'가 아니라 '쌓다'라고 쓰는 거야.
'쌌다'는 가방이나 짐을 꾸릴 때 쓰는 거지.
여행을 가려고 배낭을 꾸리거나
보자기로 물건을 감쌀 때에는 '쌌다'를 쓴단다.

블록은 쌓다

가방은 쌌다

쌓다
- 블록처럼 여러 개의 물건을 포개어 얹어 놓거나 구조물을 만들다.
  예) 찬장 안에 그릇을 쌓아 놓았다.
- 경험, 기술, 업적, 지식을 익혀서 일을 이루다.
  예) 책을 많이 읽어서 지식을 쌓다.

쌌다
- 물건을 보자기 안에 넣고 보이지 않게 가리다.
  예) 책을 보자기로 쌌다.
- 상자나 가방에 넣어서 종이와 천을 이용해 짐을 꾸리다.
  예) 학교에 가려고 가방을 미리 쌌다.

평가 문제

1~2 다음 문장을 읽고, 밑줄 친 부분과 바꾸어 쓸 수 있는 낱말을 골라 ○표 하세요.

1. 아빠는 요즘 날씨가 더워서 <u>몸의 힘</u>이 떨어졌다고 하셨어요.
   ① 체력　　② 체육　　③ 신체　　④ 체중

2. 어항의 <u>위에서 아래까지의 길이</u>를 자로 재어 보세요.
   ① 넓이　　② 굵기　　③ 깊이　　④ 들이

3~4 다음 글을 읽고 물음에 답하세요.

> 두 컵에 들어 있는 우유의 양을 통해 ＿㉠＿ 를 비교하여 봅시다.
>
> 　
> 　(가)　　　(나)
>
> • (가) 컵의 우유가 (나) 컵의 우유보다 많다.
> • (나) 컵이 (가) 컵보다 ㉡<u>작다.</u>

3. ㉠에 들어갈 알맞은 말을 골라 ○표 하세요.
   ① 넓이　　② 높이　　③ 들이　　④ 길이

4. ㉡의 뜻을 가진 한자를 골라 ○표 하세요.
   ① 長　　　　② 小

5. 한자 - 뜻음이 바르게 연결된 것을 찾아 ○표 하세요.
   ① 長 - 짧을 장　② 長 - 길 장　③ 長 - 길 단　④ 長 - 짧을 단

6~8 다음 글을 읽고 물음에 답하세요.

> 동생과 블록 쌓기 놀이를 했다.
> 각자 자기가 쌓을 수 있는 ㉠○○이만큼 쌓기로 하고,
> 빨리 쌓는 사람이 이기는 걸로 했다.
> 다 쌓고 보니 동생의 블록이 내 ㉡키보다 높았다.
> 결국 동생에게 져서 ㉢체육 대회 때 상으로 받은 동화책을 뺏겼다.

난 블록 쌓기라면 자신 있는데 누구 나랑 시합할 사람 없어?

6. ㉠에는 '이'로 끝나는 두 글자의 낱말이 들어갑니다. 어떤 낱말인지 빈칸에 써 보세요.

◯ ◯ 이

7. ㉡과 같은 뜻의 낱말을 골라 ○표 하세요.

❶ 신체   ❷ 신장   ❸ 체중   ❹ 체력

8. ㉢의 뜻으로 바른 것을 골라 ○표 하세요.

❶ 몸의 길이   ❷ 몸의 무게
❸ 몸에서 나오는 힘   ❹ 운동을 해서 몸을 튼튼하게 만드는 일

9~10 빈칸에 알맞은 낱말을 〈보기〉에서 골라 써 보세요.

휴~ 이제 두 문제 남았다. 다 풀고 간식으로 고구마 먹어야지.

〈보기〉 체중, 굵기

9.  • 두 나무의 ◯◯ 가(이) 서로 달라요.

10.  • 몸의 무게를 잴 때는 ◯◯ 을(를) 재는 저울에 올라갑니다.

제5일차

콕콕 정답

제 1 일차

05쪽 ❶ 신장 ❷ 체중 ❸ 체력 ❹ 체육 ❺ 신체
06쪽 ❶ 신체 ❷ 신장 ❸ 체중 ❹ 체육 ❺ 체력

제 2 일차

08쪽 ❶ 길다 ❷ 어른 ❸ 장
09쪽

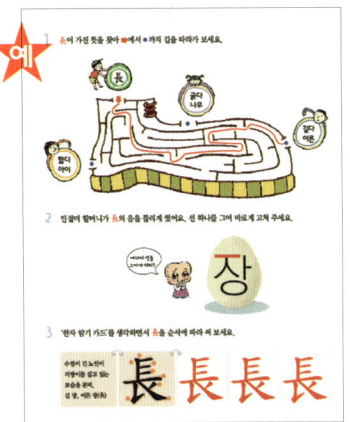

10쪽

11쪽

제 3 일차

15쪽 ❶ 높이 ❷ 깊이 ❸ 넓이 ❹ 들이 ❺ 굵기 ❻ 크다 ❼ 굵다
16쪽 ❶ 넓이 ❷ 굵기 ❸ 들이 ❹ 높이 ❺ 깊이

제 4 일차

18쪽 ❶ 하나 ❷ 나누면 ❸ 작다 ❹ 소
19쪽

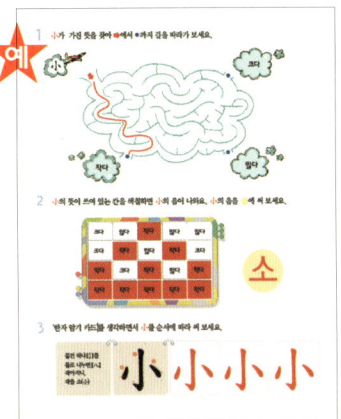

20쪽

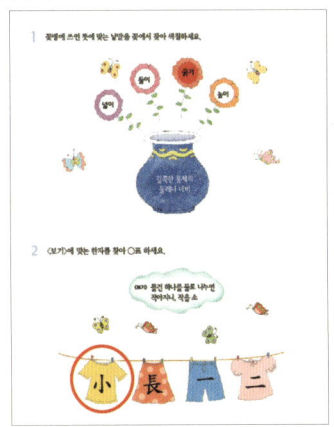

21쪽

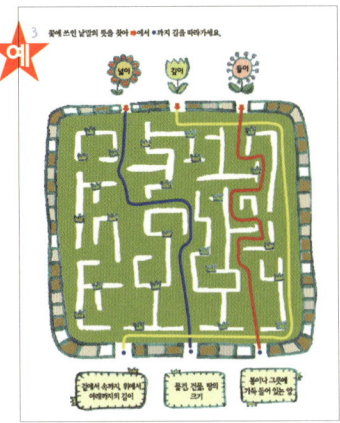

제 5 일차

24~25쪽 1. ❶ 2. ❸ 3. ❸ 4. ❷ 5. ❷ 6. 높 7. ❷ 8. ❹ 9. 굵기 10. 체중

★예 가 표시된 열린 미로 문제는 아이들의 생각에 따라 답을 찾아가는 길이 표시된 것과 다를 수 있습니다.

단위 관련 낱말

몸무게를 재려고 하는데 단위가 없다면
몸무게가 얼마나 나가는지 정확히 알 수 없겠지?
단위를 나타내는 말이 참 많은데,
어떤 것들이 있는지 같이 알아보자.

- **길이를 나타내는 단위**
  작은 단위 → 큰 단위

  mm(밀리미터) → cm(센티미터) → in(1인치는 2.54cm) → 자(1자는 30.30303cm) → m(미터) → km(킬로미터)

- **무게를 나타내는 단위**
  작은 단위 → 큰 단위

  mg(밀리그램) → g(그램) → kg(킬로그램) → 관 (1관은 3.75kg)

- **부피를 나타내는 단위**
  작은 단위 → 큰 단위

  ml(밀리리터) → dl(데시리터) → l(리터) → 말 (1말은 약 18l)

- **개수를 나타내는 단위**

자루	연필을 셀 때 자루라고 해요. 연필 1자루, 연필 2자루라고 세지요.
다스	연필 12자루가 1다스예요. 연필 24자루면 2다스가 되지요.
손	고등어 2마리가 1손이에요. 그러니까 4마리는 2손, 6마리는 3손이지요.
켤레	양말 2개가 짝을 이루면 1켤레예요. 하나는 왼발, 다른 하나는 오른발에 신지요.
쌈	바늘 24개가 1쌈이에요. 그러니까 바늘 48개는 2쌈이지요.
판	달걀 30개가 1판이에요. 달걀 60개가 모이면 2판이 되지요.
접	마늘 100개가 1접이에요. 마늘 200개가 되면 2접이 되는 거예요.
톳	김 100장 묶음을 1톳이라고 해요. 김 200장이 되면 2톳이 되지요.
두름	조기 20마리가 1두름이에요. 조기 40마리가 되면 2두름이 되지요.
첩	한약 1봉지를 1첩이라고 해요. 한약 2봉지면 2첩, 3봉지면 3첩이 되지요.
제	한약 20봉지를 1제라고 해요. 한약 40봉지가 되면 2제가 되지요.

연필 1자루,
연필 12자루면 1다스

마법의 상위권 어휘 스스로 평가표

01

다음 중 뜻을 자신 있게 말할 수 있는 낱말은 O표, 알쏭달쏭한 낱말은 △표, 자신 없는 낱말은 ×표 하세요.

신체 (　) 　　신장 (　) 　　체중 (　) 　　체력 (　) 　　체육 (　)
깊이 (　) 　　높이 (　) 　　굵기 (　) 　　넓이 (　) 　　들이 (　)

02

다음 중 뜻과 음을 자신 있게 말할 수 있는 한자는 O표, 알쏭달쏭한 한자는 △표, 자신 없는 한자는 ×표 하세요.

長 (　) 　　小 (　)

03

〈평가 문제〉를 모두 풀고 정답을 확인해 보세요. 10문항 중 내가 맞힌 문항 수는 몇 개인가요?

❶ 9-10문항 (　) 　　❷ 7-8문항 (　) 　　❸ 5-6문항 (　) 　　❹ 3-4문항 (　) 　　❺ 1-2문항 (　)

| 부모님과 선생님께 |
위에서 어린이가 스스로 적은 내용을 보고, 어린이가 어려워하는 부분을 함께 보면서 어휘의 뜻과 쓰임을
이해할 수 있도록 해 주세요.

초등 **1-1** 단계

어휘를 알아야 만점을 잡는다!

스토리텔링식 신교과서 학습을 위한
마법의 상위권 어휘
제 2 호

어휘가 쑥쑥 자라요.

부모님과 선생님께서는 이렇게 지도해 주세요

제 1 일차	제 2 일차	제 3 일차	제 4 일차	제 5 일차
이사한 이야기를 읽고, '가축, 가장, 가훈, 가계부, 가정'을 익힙니다. 맛보기를 풀어 보고, 돋보기에서 어휘의 뜻과 설명을 공부하도록 지도해 주세요.	'家'를 배우고, '家'와 '가축, 가장, 가훈, 가계부, 가정'에 관련된 문제를 풀어 보며 어휘 학습을 하도록 지도해 주세요.	동생이 아파 병원에 간 이야기를 읽고, '접수, 진찰, 입원, 퇴원, 수납'을 익힙니다. 맛보기를 풀어 보고, 돋보기에서 어휘의 뜻과 설명을 공부하도록 지도해 주세요.	'入'을 배우고, '入'과 '접수, 진찰, 입원, 퇴원, 수납'에 관련된 문제를 풀어 보며 어휘 학습을 하도록 지도해 주세요.	교재에서 배운 모든 어휘와 한자에 대한 평가 문제를 풀어 보며 어휘 실력을 다지고, 자신의 실력도 평가해 봅니다.

이런 내용을 배워요!

이사를 했어요.
새로 이사한 집은 어떨까요?
함께 구경 가 봐요.

어휘랑 놀자 1
아름답고 궁금한 우리말 이야기
까치발

제 1 일차
- 교과서 학습 어휘 01
- 맛보기
- 돋보기

가정
가장
가훈
가계부
가축

제 2 일차
- 한자가 술술
- 한자 쏙쏙
- 도전! 어휘왕

家

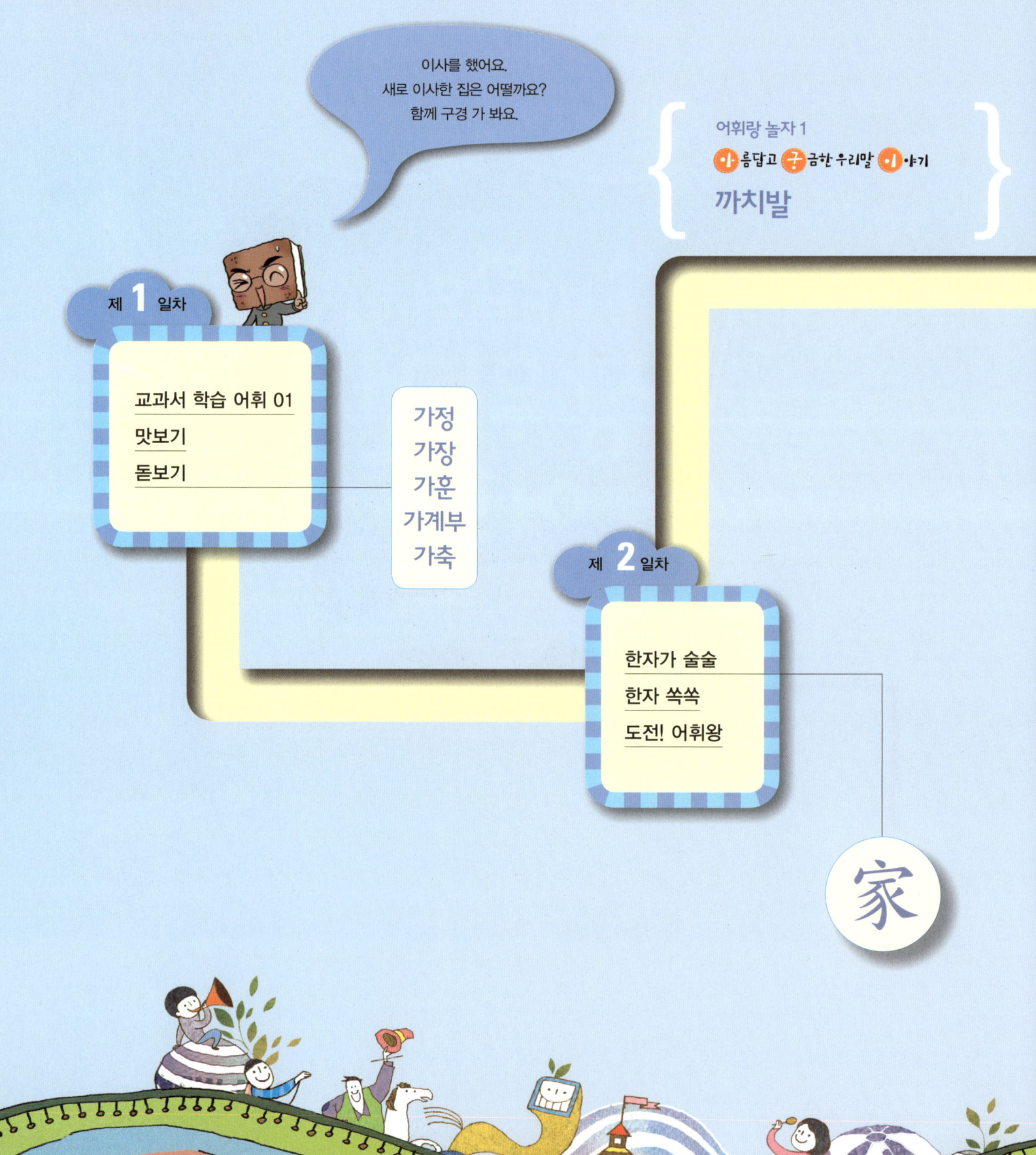

교과서 학습 어휘 01

바른생활 · 슬기로운 생활 · 즐거운 생활 · 국어 · 수학

 가축 · 가장 · 가훈 · 가계부 · 가정

◐ 글 속의 주황색 낱말들은 무슨 뜻일까요? 잘 생각하면서 다음 글을 읽어 보세요.

우리 가족은 이사를 했어요.
새로 이사 온 집 앞에는 텃밭이 있고,
집 뒤에는 **가축**을 기를 수 있는 마당도 있어요.
엄마는 텃밭에 상추와 오이를 심겠다고 하셨어요.
아빠는 뒷마당에서 닭과 오리를 길러 보겠다고 하셨죠.
가장이신 아빠는 우리 집 **가훈**을 새로 만드셨어요.
"잘 먹자!"
아빠의 말씀을 듣고 우리는 모두 깔깔깔 웃었어요.
엄마는 이사한 날부터 열심히 **가계부**를 쓰셨어요.
나는 더욱 화목해진 우리 **가정**을 마음속에 그렸어요.

 **맛보기** 그림을 잘 보고, 두 개의 낱말 가운데 알맞은 하나를 골라 ◯ 하세요.

1

"결혼을 하면 새로운 가정 / 가축 이 생겨요."
▶ 한집에 모여 사는 사람들의 집단이에요.

2

"엄마와 아빠는 우리 집의 든든한 가훈 / 가장 이세요."
▶ 한 가정을 이끌어 나가는 사람이에요.

3

"우리 집은 마당에서 여러 가축 / 가훈 을 길러요."
▶ 집에서 기르는 짐승이에요.

4

"알뜰하게 살림 잘하기로 소문난 우리 엄마는 매일 가정부 / 가계부 를 쓰세요."
▶ 집안 살림을 하면서 돈이 들어오고 나가는 내용을 적는 책이에요.

5

"우리 집 가훈 / 가축 은 할아버지가 지으셨어요."
▶ 한 집안의 가르침이에요.

돋보기

무지개떡과 흰 송편이 만나 가정을 꾸렸어요. 글을 읽으며 낱말을 익혀 보세요. 그리고 쏙쏙 문제도 풀어 보세요.

무지개떡과 흰 송편이 만나 결혼을 했어요.
둘만의 행복한 **가정**을 꾸민 거예요.
곧이어 아이들이 태어났어요. 바로 삼색 송편이었죠.
무지개떡은 훌륭한 **가장**이 되기로 결심했어요.

가정

한집에 모여 사는 사람들의 집단을 '가정'이라고 해요.
결혼을 하면 새로운 가정이 생겨요.

가장

↳ 집안의 어른.

한 가정을 이끌어 나가는 사람을 '가장'이라고 해요.
가장이신 아빠는 가족을 위해 항상 열심히 일을 하세요.

쏙쏙 문제

빈칸에 알맞은 낱말을 〈보기〉에서 골라 써 보세요.   〈보기〉 가장, 가정

- 삼촌이 결혼을 했어요. 새로운 ❶ _____ 을 꾸리신 거죠. 얼마 후 동생들이 태어났어요.
그러자 삼촌은 이제 진짜 ❷ _____ 이 된 것 같다며 뿌듯해하셨어요.

무지개떡은 집안의 가훈도 정하고, 열심히 일도 했어요.
흰 송편은 알뜰하게 살림을 꾸리며 꼼꼼히 가계부를 적었지요.
그러자 살림도 늘어나고 가축도 생겨났어요.
삼색 송편도 무럭무럭 잘 자랐어요.

제1일차

집 가 家　　가르칠 훈 訓

가훈

낱 집안의 가르침.

한 집안의 가르침을 '가훈'이라고 해요.
우리 집안의 가훈은 할아버지가 지으셨다고 해요.

집 가 家　셀 계 計　문서 부 簿

가계부

'가계부'에는 집안 살림을 하면서 돈이 들어오고
나가는 내용이 적혀 있어요. 엄마는 가계부를 쓰면
돈을 함부로 쓰지 않게 된다고 하셨어요.

집 가 家　짐승 축 畜

가축

낱 집에서 기르는 짐승.

집에서 기르는 짐승을 '가축'이라고 해요.
우리 집에서는 닭과 오리를 길러요.

쏙쏙 문제!

빈칸에 알맞은 낱말을 〈보기〉에서 골라 써 보세요.　　〈보기〉 가계부, 가훈, 가축

• 엄마는 열심히 ❶　　　　　를 쓰세요. 우리 집의 ❷　　　　　을 기르는 일도 엄마의 몫이에요.

❸　　　　　은 아빠가 지으셨어요. '잘 먹고 잘 살자!'

한자에 대한 설명을 읽고, 한자를 익혀 보세요.

家 _{7급}

옛날에는 집집마다 돼지를 길렀대요.
사람들이 돼지를 기르는 집에서 똥을 누면
아래에 있던 돼지들이 받아먹곤 했지요.
그래서 옛날 사람들은 '집' 하면 돼지를 빼놓고
생각할 수 없었어요.

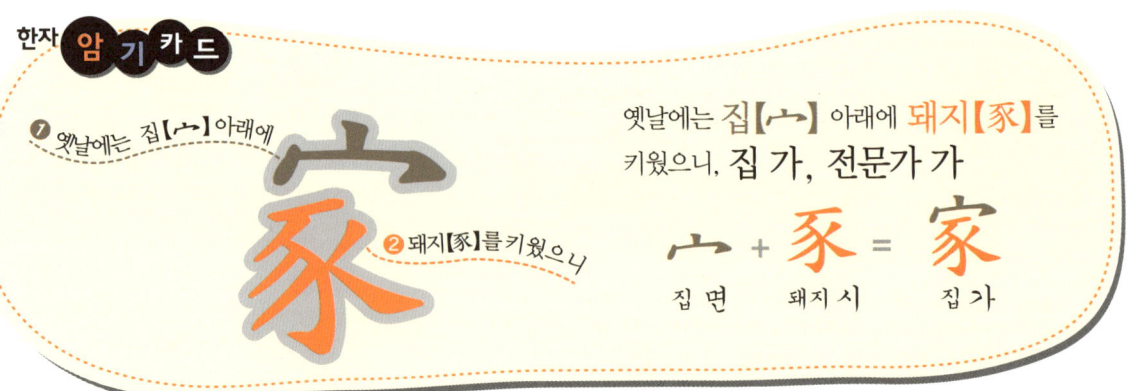

집 가(家)는 어느 분야에서 뛰어난 사람을 뜻하는 '**전문가 가**'로도 쓰여요.

작가(作家)

성악가(聲樂家)

열심히 똥을 받아먹다 보니
받아먹는 데에는
전문가가 되었지. 헤헤.

나 똥돼지

'한자 암기 카드'를 보면서 빈칸에 알맞은 말을 써 보세요.

옛날에는 ❶◯ 【宀】아래에 ❷◯◯ 【豕】를 키웠으니, 집 가,
전문가 가(家). 家의 뜻은 ❸집, ❹전 문 가 이고, 음은 ❺◯ 입니다.

1 家의 뜻을 찾아 ➡에서 ●까지 길을 따라가 보세요.

2 家의 뜻이 쓰여 있는 칸을 찾아 색칠하면 家의 음이 나와요. 家의 음을 ⬤ 에 써 보세요.

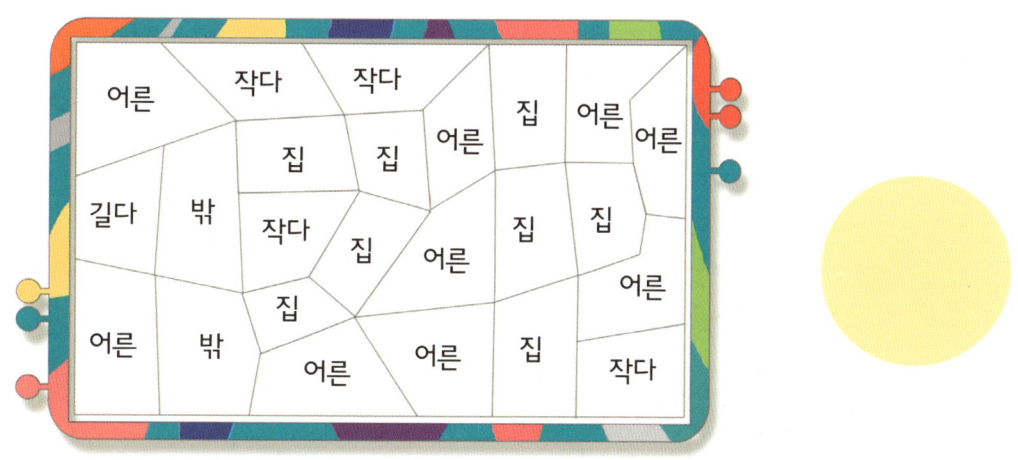

3 '한자 암기 카드'를 생각하면서 家를 순서에 따라 써 보세요.

제 2 일차

1 〈보기〉에 쓰인 뜻에 맞는 낱말을 음식에서 찾아 ○표 하세요.

〈보기〉 집에서 기르는 짐승

2  에 쓰인 뜻에 맞는 사탕을 찾아 색칠하세요.

한 집안의 가르침

3 ▨에 쓰인 말이 맞으면 🧒, 틀리면 🧒로 길을 따라가 만나는 친구에게 ○표 하세요.

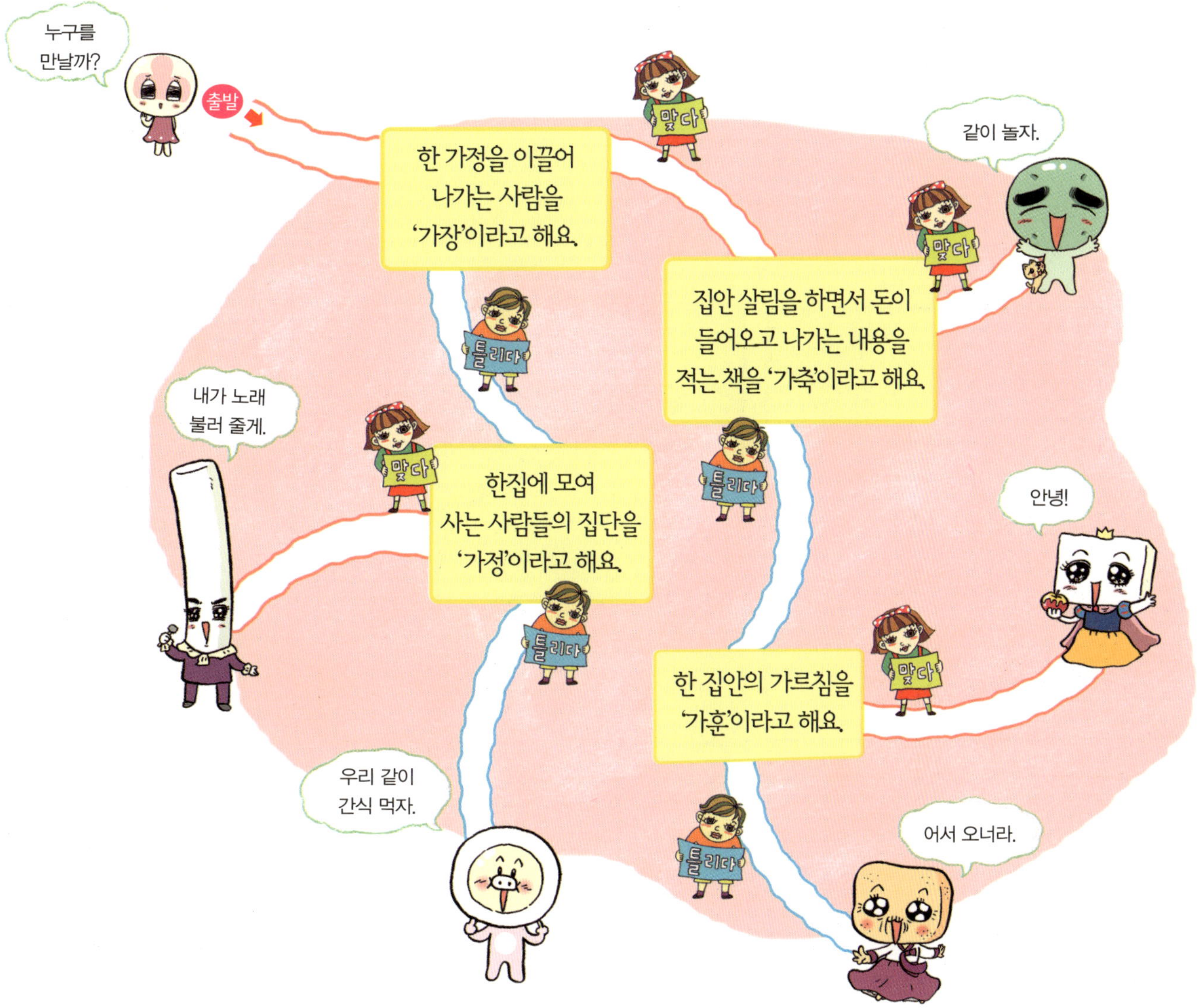

- 한 가정을 이끌어 나가는 사람을 '가장'이라고 해요.
- 집안 살림을 하면서 돈이 들어오고 나가는 내용을 적는 책을 '가축'이라고 해요.
- 한집에 모여 사는 사람들의 집단을 '가정'이라고 해요.
- 한 집안의 가르침을 '가훈'이라고 해요.

4 〈보기〉의 한자를 완성하려면 ❓에 어떤 한자 조각이 필요한지 찾아 ○표 하세요.

〈보기〉 옛날에는 집 아래에 돼지를 키웠으니, 집 가

 水
 火
 豕

아름답고 궁금한 우리말 이야기

까치발

에취, 에취!!

지독한 감기에 걸려서 콧물이 멈추질 않아.

그래도 꿀콧물을 버리긴 아까우니까 모아 둬야지.

꿀단지를 선반 위에 잘 두고서,

아함~ 한숨 자면서 쉬어야겠다.

우후후~ 달콤한 꿀떡이의 꿀콧물을 몰래 가져가야지!

쉿, 쉿!!

발뒤꿈치를 들고 살금살금~

어휘랑 놀자 1

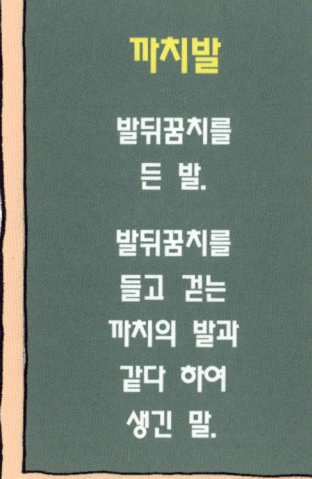

교과서 학습 어휘 02

돋보기: 접수 · 진찰 · 입원 · 퇴원 · 수납

● 글 속의 주황색 낱말들은 무슨 뜻일까요? 잘 생각하면서 다음 글을 읽어 보세요.

응애응애.
동생이 많이 아파서 병원에 갔어요.
병원에 도착하자마자 아빠는 **접수**부터 하셨죠.
동생을 **진찰**하신 의사 선생님께서는 동생이 감기가 심하다며
며칠 동안 **입원**하는 것이 좋겠다고 하셨어요.
병원에서 동생은 약도 먹고 주사도 맞았어요.
일주일이 지나자 동생은 씻은 듯이 나았어요.
의사 선생님은 이제 **퇴원**해도 좋다고 하셨죠.
동생이 퇴원하는 날.
엄마는 **수납** 창구에서 돈을 내고 처방전을 받으셨어요.
우리 가족은 모두 기쁜 마음으로 병원 문을 나섰어요.

 **맛보기** 그림을 잘 보고, 두 개의 낱말 가운데 알맞은 하나를 골라 ○ 하세요.

1

"의사 선생님을 뵈려면 먼저 (접수) 진찰 하고 기다리세요."
▶ 신청을 받는 것을 말해요.

2

"어제 삼촌이 교통사고를 당해서 병원에 입원 퇴원 하셨어요."
▶ 환자가 병을 고치기 위해 병원에 들어가는 것이에요.

3

"할머니께서 눈 수술을 받고 오늘 접수 퇴원 하세요."
▶ 일정 기간 병원에 머물던 환자가 병원에서 나오는 것이에요.

4

"배가 아프다고 말하자 의사 선생님께서 진찰 수납 하셨어요."
▶ 의사 선생님이 여러 가지 방법으로 환자의 병을 살피는 것이에요.

5

"돈을 내려면 진찰 수납 하는 곳으로 가세요."
▶ 돈이나 물품 따위를 받아 거두어들이는 것이에요.

돋보기

삐뽀삐뽀 병원에 왔어요. 무슨 일들이 있었을까요?
그림을 잘 보고 〈보기〉에서 알맞은 낱말을 골라 ◯ 안에 써 보세요.

잘 모르겠으면 17쪽을 읽어 봐요.

〈보기〉 수납, 입원, 퇴원, 진찰, 접수

동생이 배가 아프다고 울었어요. 엄마는 동생을 병원으로 데리고 가 의사 선생님께 ❶ ◯◯ 을 받게 했어요.

우리 가족 모두 깜짝 놀라 병원으로 뛰어왔어요. 내가 축구를 하다 다리가 부러져 ❷ ◯◯ 을 했거든요.

엄마가 ❸ ◯◯ 를 하고 계세요. 사람이 많을 때에는 번호표를 뽑고 차례를 기다려야 해요.

오늘은 할머니가 수술을 마치고 ❹ ◯◯ 하시는 날이에요. 우리 가족은 할머니를 위해 축하 파티를 준비했어요.

아빠가 돈을 내러 ❺ ◯◯ 하는 곳으로 가셨어요. 동생과 나는 아빠를 기다리는 동안 장난을 쳤어요.

들 입 入 / 집 원 院
입원　냍 병원에 들어감.

환자가 병을 고치기 위해 병원에 들어가는 것이에요.
얼마 전에 할아버지가 갑자기 쓰러지셔서 병원에 '입원'을 하셨어요.

앙~ 감기가 너무 심해요. 병원에 입원해야 할 것 같아요.

이을 접 接 / 받을 수 受
접 수

신청을 받는 것을 말해요. 병원에 가면 먼저 '접수'를 해야 해요.

볼 진 診 / 살필 찰 察
진 찰　냍 (의사가 환자를) 보고 살핌.

의사 선생님이 진찰하시기 전에 열부터 재라는구나. 이걸 물어라~

의사 선생님이 여러 가지 방법으로 환자의 병을 살피는 것이에요.
병원에 가면 의사 선생님이 내 몸의 이곳저곳을 살펴보며 '진찰'하시지요.

거둘 수 收 / 들일 납 納
수 납　냍 (돈이나 물품 따위를) 거두어들임.

돈이나 물품 따위를 거두어들이는 것이 '수납'이에요.
나라에서는 세금을 수납하고, 병원에서는 병원비를 수납해요.

물러날 퇴 退 / 집 원 院
퇴 원　냍 병원에서 물러 나옴.

일정 기간 병원에 머물던 환자가 병원에서 나오는 것이에요.
병을 모두 고치고 '퇴원'하는 경우도 있지만
그렇지 않은 경우도 있어요.

앙~ 아파도 약 먹기는 싫은데….
꿀떡아, 이 알약 먹고 다 나으면 퇴원해도 된다는구나. 어서 삼켜라!

제 3 일차

한자에 대한 설명을 읽고, 한자를 익혀 보세요.

入 7급

민속촌에서 초가집의 방문을 본 적이 있나요?
옛날에는 집에 달려 있는 문의 높이가
지금처럼 높지 않았어요.
그래서 방에 들어가려면 머리를 숙여야 했지요.
들 입(入)은 이렇게 방문을 열고 들어가는 사람의 모양새를 본떠 만든 글자예요.

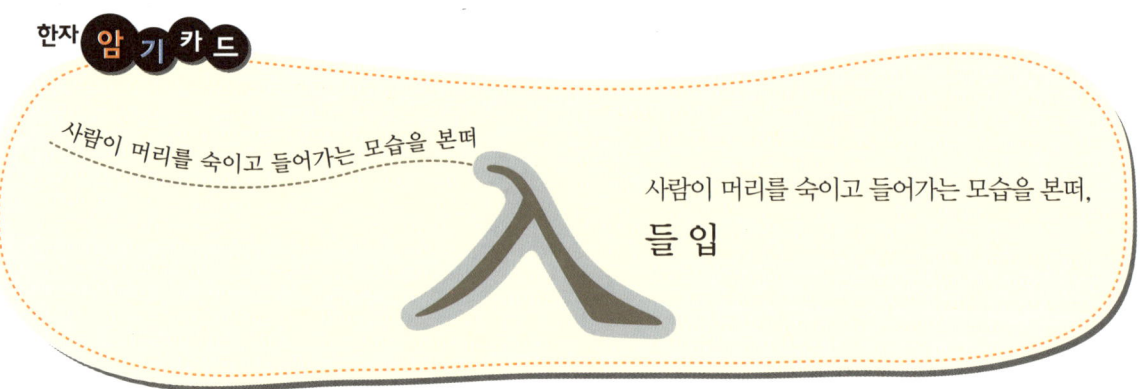

한자 암기 카드

사람이 머리를 숙이고 들어가는 모습을 본떠

入

사람이 머리를 숙이고 들어가는 모습을 본떠, 들 입

들 입(入)은 사람 인(人)과 모양이 비슷해요.
사람 인(人)은 다리를 벌리고 서 있는 사람을 본떠서 만든 글자예요.
그래도 엄연히 다른 글자니까 자세히 비교해 보고 헷갈리지 않도록 하세요.

똑바로 봐! 윗부분이 다르잖아.

入 들 입   人 사람 인

헷갈려, 헷갈려, 헷갈려.

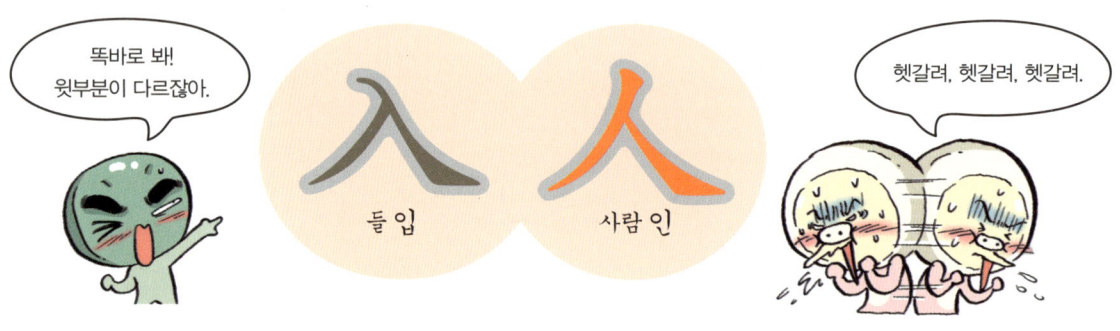

'한자 암기 카드'를 보면서 빈칸에 알맞은 말을 써 보세요.

사람이 머리를 숙이고 들어가는 모습을 본떠, 들 입(入).

入의 뜻은 ❶ 들 다 이고, 음은 ❷ ◯ 입니다.

1 入의 뜻을 찾아 ◯표 하세요.

2 入의 음을 찾아 ➡에서 •까지 길을 따라가 보세요.

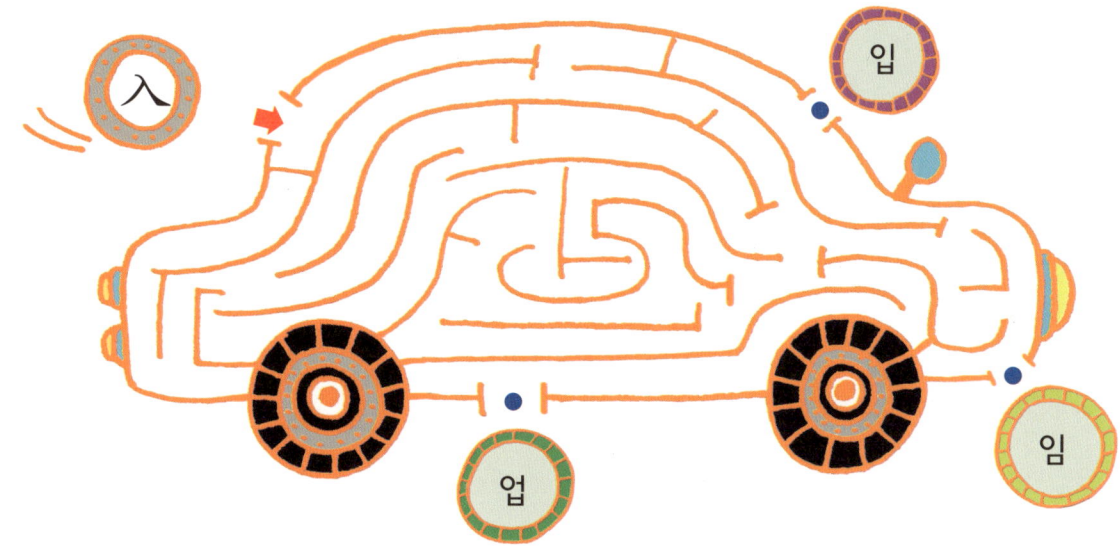

3 '한자 암기 카드'를 생각하면서 入을 순서에 따라 써 보세요.

사람이 머리를 숙이고 들어가는 모습을 본떠, 들 입(入)

1. 마법의 나무에 글자 과일이 주렁주렁 열렸어요. 아래 문장 속 빈 과일과 같은 모양의 글자 과일을 나무에서 찾아 바른 순서대로 빈칸에 써 보세요.

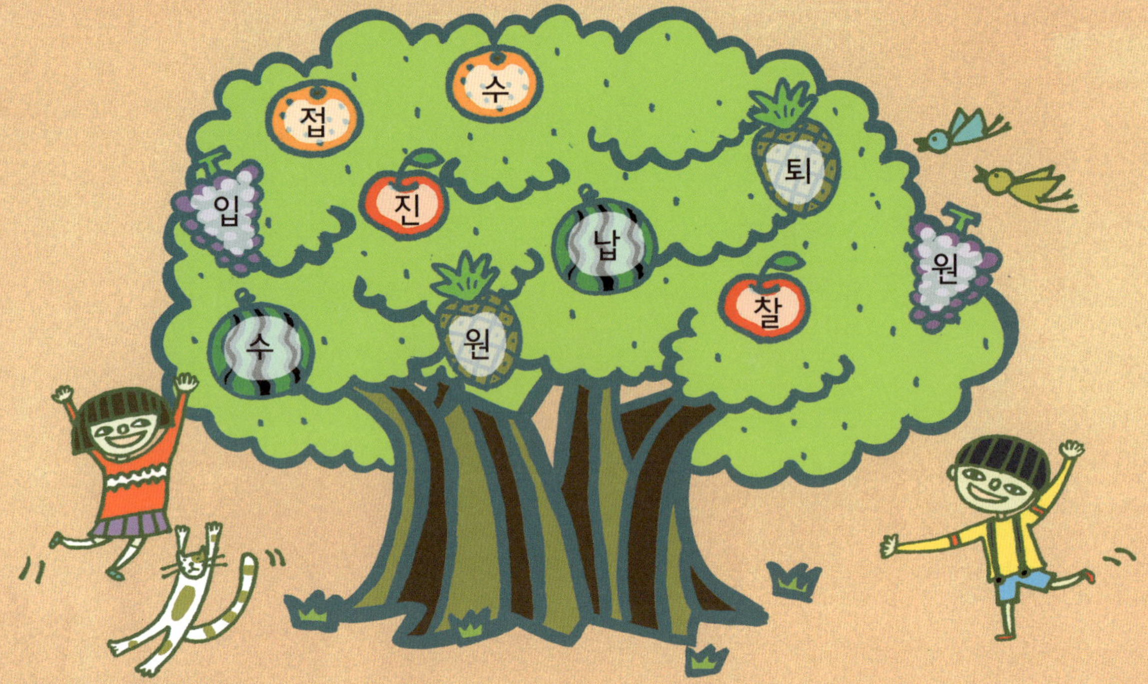

아빠는 병원에 도착하자마자 ○○ 를 하셨어요.

의사 선생님께서 아픈 동생을 ○○ 하셨어요.

동생은 심한 감기로 며칠 동안 병원에 ○○ 해 있었어요.

일주일 뒤에 동생은 병이 다 나아 ○○ 하게 되었어요.

엄마는 ○○ 창구에서 병원비를 내고 처방전을 받으셨어요.

2 기차에 쓰인 뜻에 맞는 낱말을 오른쪽의 표지판에서 찾아 줄로 이어 보세요.

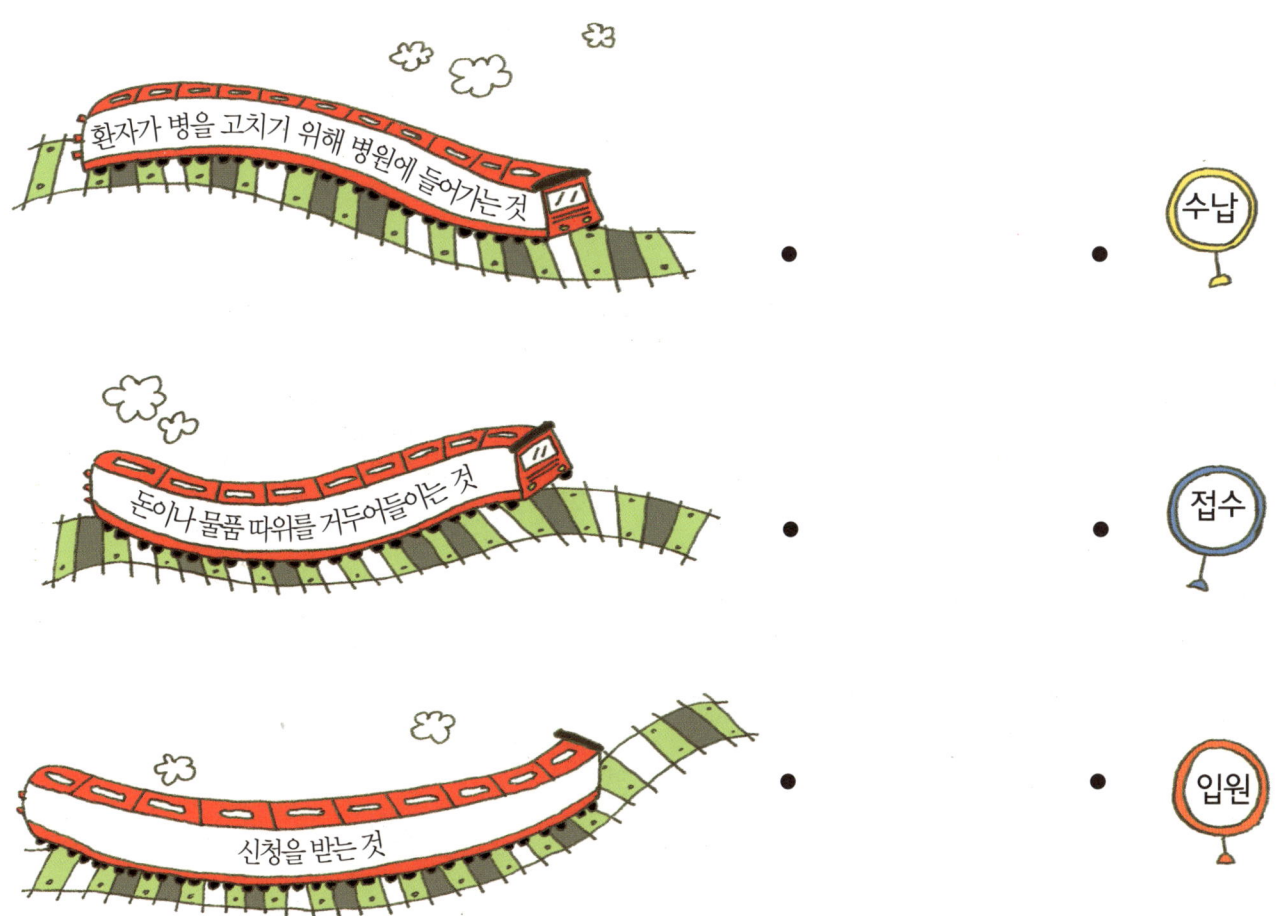

3 <보기>에 맞는 한자를 찾아 색칠하세요.

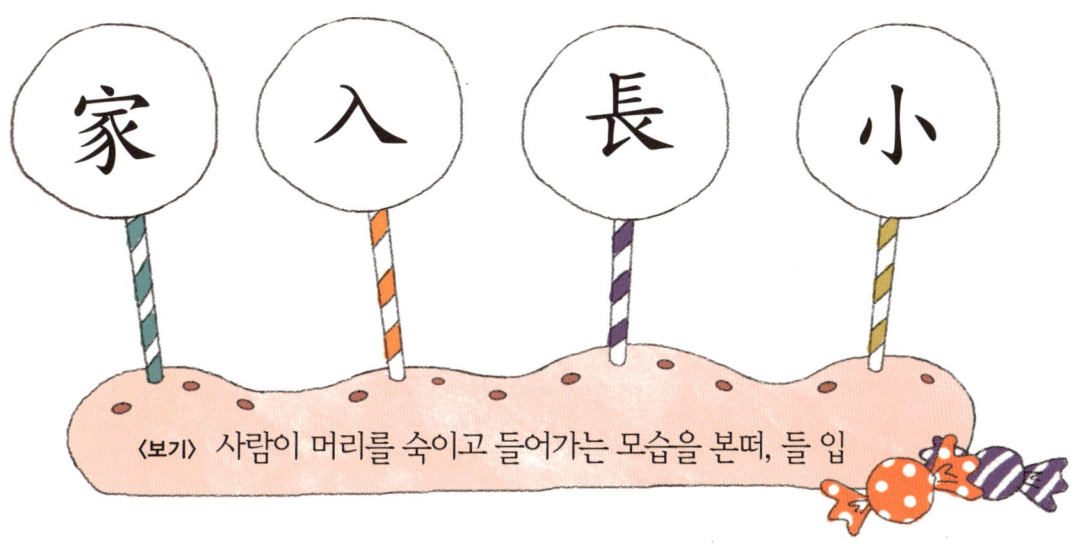

<보기> 사람이 머리를 숙이고 들어가는 모습을 본떠, 들 입

비슷해서 틀리기 쉬운 말 비교해서 틀리지 말자

5월 30일 금요일

이번 달에 엄마랑 아빠랑 할머니 집에 가기로 했다.
  윗어른의 집은 '댁에'라고 써야 한단다.
시간이 금새 지나갔다. 할머니 집에 가니까 소도
  '금세'라고 써야 해.
있고 닥도 이써다.
  '닭도 있었다'가 옳단다.
그런데 할머니 쓰레빠가 달아서 미끄러워 보였다.
  '슬리퍼가 닳아서'라고 써야 한단다.
엄마한테 말했더니 하나 사 드린다고 했다.

*이 글은 초등학교 1학년 어린이가 쓴 일기입니다.

비슷해서 틀리기 쉬운 말 비교해서 틀리지 말자

어휘랑 놀자 ②

슬리퍼는 '닳다', 벽시계는 '달다'

슬리퍼 바닥은 '달는' 게 아니고 '닳는' 거란다.
'닳다'는 어떤 물건이 낡아지거나 갈리어
물건의 길이, 두께, 크기가 줄어들 때 쓰인단다.
액체나 기름이 쓰여 줄어드는 경우에도 '닳다'라고 하지.

슬리퍼는 닳다

벽시계는 달다

달다
- 타지 않는 단단한 물체가 뜨거워지다.
  예) 쇠가 뜨겁게 달아올랐다.
- 물건을 일정한 곳에 걸거나 매어 놓다.
  예) 벽시계를 달다.

닳다
- 갈리거나 오래 쓰여서 어떤 물건이 낡아지다.
  예) 구두 굽이 닳았다.
- 액체나 기름을 써서 줄어들다.
  예) 주전자의 물이 닳았다.
- 어려운 일을 많이 겪어서 생각이 약아지다.
  예) 그는 힘든 경험을 많이 해서 닳고 닳았다.

평가 문제

1~3 빈칸에 알맞은 낱말을 〈보기〉에서 찾아 쓰세요.

〈보기〉 가장, 수납, 퇴원

1.
   • 할머니가 수술을 마치고 오늘  하세요.

2.
   • 엄마와 아빠는 모두 우리 집의 든든한  이세요.

3.
   • 병원비는 저쪽에서  하세요.

4. 〈보기〉에서 가리키는 것이 무엇인지 빈칸에 써 보세요.

   〈보기〉 집안 살림을 하면서 돈이 들어오고 나가는 내용을 적는 책

5. 밑줄 친 '가(家)'가 '전문가'의 뜻으로 쓰인 낱말을 골라 ○표 하세요.

   ❶ 가훈   ❷ 가장   ❸ 가정   ❹ 성악가

6~7 다음 글을 읽고 물음에 답하세요.

> 오늘 아침, 나는 이가 너무 아팠습니다.
> 내가 얼굴을 찡그리자, 아빠가 물으셨습니다.
> "현수야, 왜 그러니?"
> "아! 이가 아파요."
> 나는 그만 울음을 터뜨리고 말았습니다.
> "많이 아팠구나! 어서 병원에 가서 의사 선생님께 ㉠진찰을 받자."
> 아빠는 병원에 도착하자마자 ㉡_____ 창구로 가셨습니다.
> 한참을 기다리자 의사 선생님이 나오셨습니다.

6. ㉠의 뜻으로 바른 것을 골라 ○표 하세요.

① 의사 선생님이 병 때문에 고생한 일
② 의사 선생님이 병이 나서 몸져누운 일
③ 의사 선생님이 병이 나지 않게 조심하는 일
④ 의사 선생님이 여러 가지 방법으로 환자의 병을 살피는 일

문제 푸느라 힘들지? 이거 먹고 힘내자!

7. ㉡에 들어갈 알맞은 말을 골라 ○표 하세요.

① 입원　　　② 접수　　　③ 퇴원　　　④ 수납

8~10 빈칸에 알맞은 말을 〈보기〉에서 골라 써 보세요.

〈보기〉 가훈, 가축, 가정

8. 할아버지는 소와 오리 같은 ○○ 을 기르십니다.

9. 이모가 얼마 전에 결혼을 해서 새로운 ○○ 을 꾸렸어요.

문제를 너무 열심히 풀었나 봐. 얼굴이 까칠해졌어.

10. 우리 집의 ○○ 은 '항상 웃자! 칭찬을 많이 하자!'입니다.

제 1 일차
- 05쪽 ❶ 가정 ❷ 가장 ❸ 가축 ❹ 가계부 ❺ 가훈
- 06쪽 ❶ 가정 ❷ 가장
- 07쪽 ❶ 가계부 ❷ 가축 ❸ 가훈

제 2 일차
- 08쪽 ❶ 집 ❷ 돼지 ❸ 집 ❹ 전문가 ❺ 가
- 09쪽
- 10쪽
- 11쪽

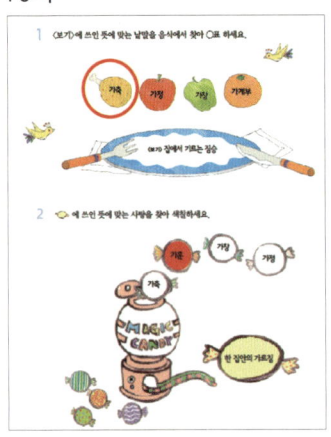

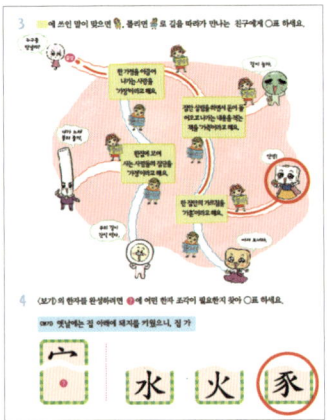

제 3 일차
- 15쪽 ❶ 접수 ❷ 입원 ❸ 퇴원 ❹ 진찰 ❺ 수납
- 16쪽 ❶ 진찰 ❷ 입원 ❸ 접수 ❹ 퇴원 ❺ 수납

제 4 일차
- 18쪽 ❶ 들다 ❷ 입
- 19쪽
- 20쪽
- 21쪽

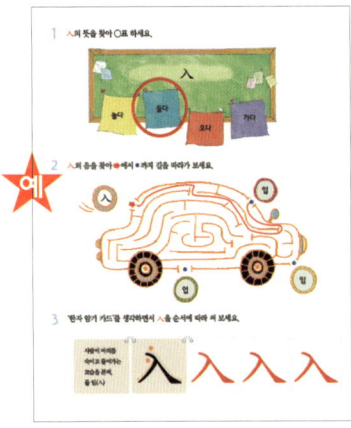

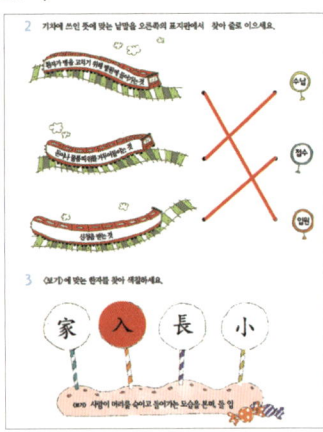

제 5 일차
- 24~25쪽 1. 퇴원 2. 가장 3. 수납 4. 가계부 5. ❹ 6. ❹ 7. ❷ 8. 가축 9. 가정 10. 가훈

★ 가 표시된 열린 미로 문제는 아이들의 생각에 따라 답을 찾아가는 길이 표시된 것과 다를 수 있습니다.

주변에서 볼 수 있는 기구들

사람들은 여러 가지 기구를 이용해서 생활을 편리하게 한단다.
그런데 우리가 쓰는 기구 중에는 자주 쓰는 말인데
그 뜻을 모르는 것도 있고, 뜻은 아는데 이름을 모르는 경우도 있어.
그러면 우리 주변에 있는 기구에는 어떤 것이 있나 알아볼까?

- **의료 기구**
  - **청진기(聽診器)** 병원에서 진찰할 때 몸속에서 나는 소리를 듣는 기구예요.
  - **주사기(注射器)** 바늘에 구멍이 나 있어서 액체로 된 약을 몸 안에 넣는 기구예요.
  - **혈압계(血壓計)** 혈압을 재는 기구예요.
  - **체온계(體溫計)** 몸에서 열이 나는지 확인하는 기구예요.
  - **타진기(打診器)** 신체를 두드려서 진찰하는 기구인데, 삼각형 모양으로 생겼어요.

- **과학 실험 기구**
  - **비커(beaker)** 과학 실험을 할 때 액체를 담는 유리그릇을 말해요.
  - **막자와 막자사발** 알약 같은 덩어리 약을 갈아서 가루로 만들 때 쓰는 기구예요. 막자는 유리나 사기로 만든 작은 방망이를 말하고, 막자사발은 사기나 유리로 만든 그릇을 말해요.
  - **약숟가락** 약을 짓거나 먹을 때 쓰는 숟가락이에요.
  - **스포이트(spuit)** 적은 양의 액체를 옮겨 넣거나 한 방울씩 떨어뜨릴 때 쓰는 기구예요. 위쪽에 고무주머니가 달려 있어요.
  - **메스실린더(measuring cylinder)** 액체의 부피를 재는 기구예요. 눈금이 새겨져 있어 부피를 쉽게 잴 수 있어요.

- **공구**
  - **망치** 가정에서 쓰는 것은 끝이 쇠로 된 것이 많은데 못을 박을 때 쓰는 도구예요.
  - **송곳** 목재나 종이에 구멍을 뚫을 때 써요.
  - **드라이버(driver)** 작은 나사를 돌려서 박아 고정시키거나 나사를 뺄 때 써요.
  - **스패너(spanner)** 볼트나 너트를 죄거나 풀 때 쓰지요.
  - **드릴(drill)** 벽이나 나무판, 금속 등에 구멍을 뚫을 때 쓰는데 주로 전기로 움직여요.

마법의 상위권 어휘 스스로 평가표

01
다음 중 뜻을 자신 있게 말할 수 있는 낱말은 ○표, 알쏭달쏭한 낱말은 △표, 자신 없는 낱말은 ×표 하세요.

가축( )　　가장( )　　가훈( )　　가계부( )　　가정( )
접수( )　　진찰( )　　입원( )　　퇴원( )　　수납( )

02
다음 중 뜻과 음을 자신 있게 말할 수 있는 한자는 ○표, 알쏭달쏭한 한자는 △표, 자신 없는 한자는 ×표 하세요.

家( )　　入( )

03
〈평가 문제〉를 모두 풀고 정답을 확인해 보세요. 10문항 중 내가 맞힌 문항 수는 몇 개인가요?

❶ 9-10문항( )　　❷ 7-8문항( )　　❸ 5-6문항( )　　❹ 3-4문항( )　　❺ 1-2문항( )

| 부모님과 선생님께 |
위에서 어린이가 스스로 적은 내용을 보고, 어린이가 어려워하는 부분을 함께 보면서 어휘의 뜻과 쓰임을
이해할 수 있도록 해 주세요.

초등 **1-1** 단계

어휘를 알아야 만점을 잡는다!

스토리텔링식 신교과서 학습을 위한

마법의 상위권 어휘

제 **3** 호

어휘가 쑥쑥 자라요.

부모님과 선생님께서는 이렇게 지도해 주세요

제 **1** 일차	제 **2** 일차	제 **3** 일차	제 **4** 일차	제 **5** 일차
시골 쥐와 서울 쥐 이야기를 읽고, '보도, 전용, 통행, 금지, 보행'을 익힙니다. 맛보기를 풀어 보고, 돋보기에서 어휘의 뜻과 설명을 공부하도록 지도해 주세요.	'行'을 배우고, '行'과 '보도, 전용, 통행, 금지, 보행'에 관련된 문제를 풀어 보며, 어휘 학습을 하도록 지도해 주세요.	동시를 읽고, '후드득후드득, 달그락달그락, 발름발름, 흥얼흥얼, 배틀배틀, 촐래촐래'를 익힙니다. 맛보기를 풀어 보고, 돋보기에서 어휘의 뜻과 설명을 공부하도록 지도해 주세요.	'語'를 배우고, '語'와 '후드득후드득, 달그락달그락, 발름발름, 흥얼흥얼, 배틀배틀, 촐래촐래'에 관련된 문제를 풀어 보며 어휘 학습을 하도록 지도해 주세요.	교재에서 배운 모든 어휘와 한자에 대한 평가 문제를 풀어 보며 어휘 실력을 다지고, 자신의 실력도 평가해 봅니다.

교과서 학습 어휘 01

바른생활 **슬기로운 생활** 즐거운 생활 국어 수학

🔍 돋보기 보도 · 전용 · 통행 · 금지 · 보행

◑ 글 속의 주황색 낱말들은 무슨 뜻일까요? 잘 생각하면서 다음 글을 읽어 보세요.

시골 쥐가 서울 구경을 왔어요.
거리로 나서니 이런저런 표지판이 눈에 띄었어요.
서울 쥐는 시골 쥐에게 표지판을 설명해 주기로 했어요.
먼저 둘은 〈횡단**보도**〉라고 쓰인 표지판 앞에 멈췄어요.
서울 쥐가 이곳은 길을 건너는 곳이라고 말했죠.
조금 더 가니 〈자전거 **전용** 도로〉라고 쓰인 표지판이 보였어요.
서울 쥐는 이곳이 자전거만 다니는 길이라고 했어요.
더 걸어가자 앞에 넓은 잔디밭이 보였어요.
잔디밭에는 〈자전거 **통행**금지〉라는 표지판이 있었죠.
서울 쥐는 이곳은 자전거가 다닐 수 없는 곳이라고 했어요.
시끄러운 소리에 쳐다보니 〈출입 **금지**〉, 〈**보행** 금지〉라는 표지판이 보였어요.
서울 쥐가 이곳은 공사 중이므로 함부로 들어가거나 걸어 다니면 안 된다고 했어요.
"아, 서울은 너무 복잡한 것 같아."
시골 쥐는 머리를 절레절레 흔들며 시골로 돌아갔어요.

맛보기 그림을 잘 보고, 두 개의 낱말 가운데 알맞은 하나를 골라 ○ 하세요.

1

〈출입 (금지) 통행〉 표지판이에요. 이 표시가 있는 곳은 함부로 들어가면 안 돼요.
▶ 하지 못하도록 하는 것을 말해요.

2

〈전용 보행 금지〉 표지판이에요. 이 표시가 있는 곳의 주변을 함부로 걸어 다니면 안 돼요.
▶ 걸어 다니는 것을 말해요.

3

〈자전거 전용 보행 도로〉 표지판이에요. 이 표시가 있는 곳은 자전거만 다니는 길이라는 뜻이에요.
▶ 같이 쓰지 않고 오로지 혼자서만 쓴다는 뜻이에요.

4

〈횡단 금지 보도〉 표지판이에요. 찻길은 위험하니까 꼭 이 표시가 있는 곳에서 길을 건너다녀야 안전해요.
▶ 걸어 다닐 때 사용하는 길이에요.

5

〈자전거 통행 보행 금지〉 표지판이에요. 이 표시가 있는 곳에서는 자전거를 타면 안 돼요.
▶ 일정한 장소를 오가며 지나다니는 것을 말해요.

돋보기

서울 쥐가 시골 나들이를 왔어요. 다음 글을 읽으며, 낱말을 익혀 보세요. 그리고 쏙쏙 문제도 풀어 보세요.

서울 쥐가 시골 구경을 왔어요.
시골 쥐는 서울 쥐를 데리고 나들이를 갔어요.
둘은 〈생쥐 전용〉, 〈생쥐, 고양이 금지〉라고 쓰인 표지판 앞에 섰어요.

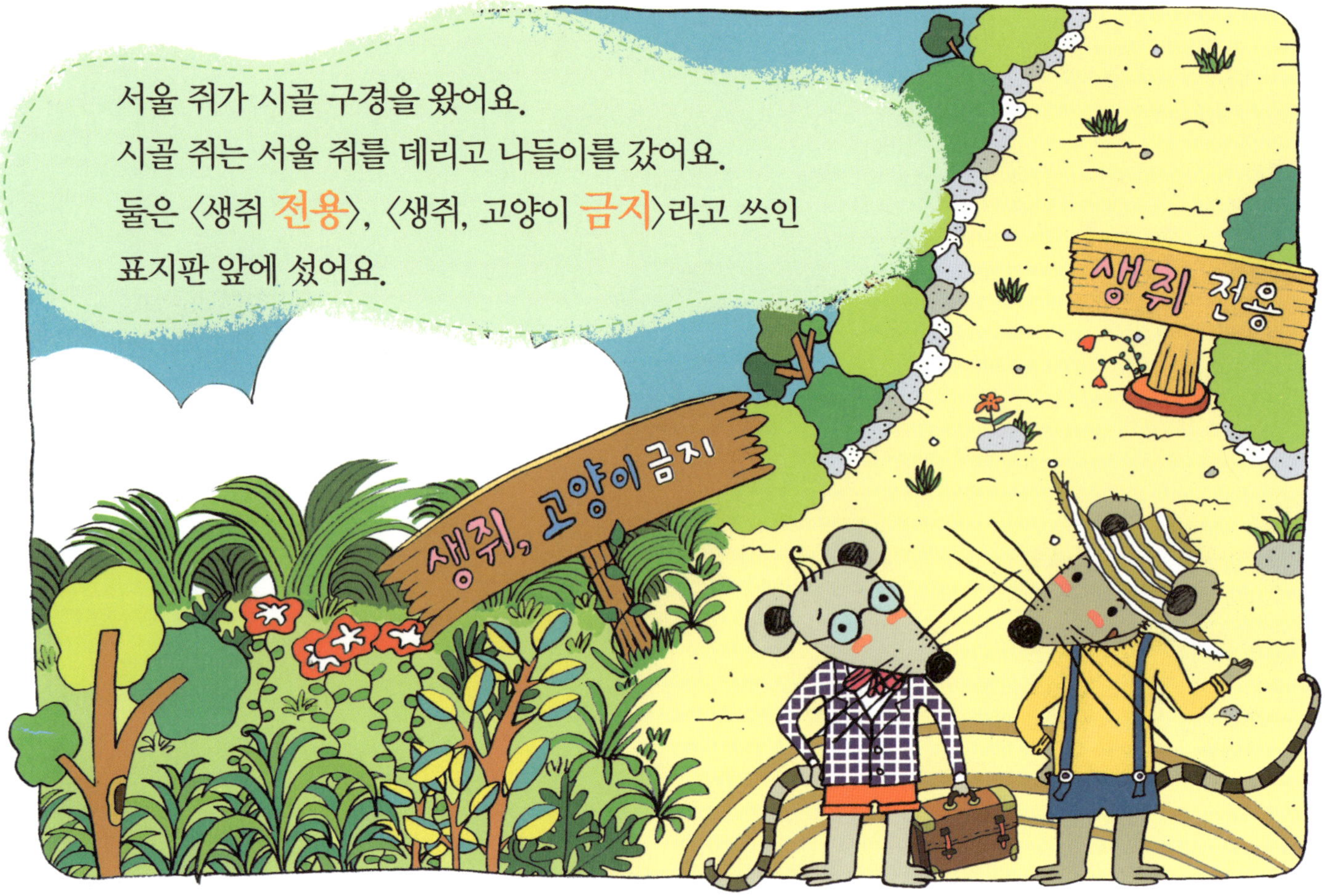

오로지 혼자 씀.

같이 쓰지 않고 오로지 혼자서만 쓰는 것이에요.
버스만 다니는 차선은 〈버스 전용 차선〉이에요.
어린이만 이용할 수 있는 것에는 〈어린이 전용〉이라고 쓰지요.

하지 못하도록 함.

하지 못하도록 하는 것이에요.
〈금지 구역〉에는 함부로 들어가면 안 돼요.
〈주차 금지〉인 곳에는 차를 세워 두면 안 되지요.

빈칸에 알맞은 낱말을 〈보기〉에서 골라 써 보세요.   〈보기〉 금지, 전용

- 〈자전거 ① ___ 도로〉라는 표지판이 있는 곳은 자동차나 오토바이가 지나다니는 것이 ② ___ 되어 있어요.

제 1 일차

"이쪽으로 **통행**하는 게 안전할 것 같아. 이쪽이 **보행**을 위해 만들어진 길이거든."
서울 쥐가 고개를 끄덕였어요.
"그런데 너 이런 길을 **보도**라고 부르는 거 알고 있니?"
서울 쥐가 깜짝 놀라며 몰라보게 똑똑해진 시골 쥐를 칭찬했어요.
시골 쥐는 쑥스럽다는 듯 머리를 긁적였어요.

오갈 통通 다닐 행行
통행

뜻▶ 오가며 다님.

일정한 장소를 오가며 지나다니는 것을 '통행'이라고 해요.
지하철역은 사람들의 통행이 많은 곳이에요.
통행하는 사람이 많은 곳에서 함부로 장난을 치면 안 돼요.

걸음 보步 다닐 행行
보행

뜻▶ 걸어 다님.

걸어 다니는 것을 말해요. 위험한 공사를 하는 곳에서는
사람들의 안전을 위해 '보행'하는 길을 따로 만들어 놓기도 해요.

걸음 보步 길 도道
보도

뜻▶ 걸어 다니는 길.

걸어 다닐 때 사용하는 길이에요.
길을 걸어 다닐 때에는 '보도'로 다니고,
길을 건널 때에는 횡단보도로 건너야 해요.

쏙쏙 문제

빈칸에 알맞은 낱말을 〈보기〉에서 골라 써 보세요. 〈보기〉 통행, 보도, 보행

① 〈   금지〉는 걸어 다니면 안 된다는 표시예요. 이쪽은 위험하니까 저쪽에 있는 ②   로
걸어가세요. 그곳에서 사람의 ③   이 많은 지하도를 건너면 우리 학교가 나와요.

한자에 대한 설명을 읽고, 한자를 익혀 보세요.

사거리에는 이쪽저쪽으로 다니는 사람들이 많아요.
다닐 행(行)은 이렇게 사람들이 많이 다니는
사거리를 본떠 만든 글자예요.

사람이 다니는 사거리를 본떠, 다닐 행, 행할 행

사람들은 길을 걸어 다니며 여러 가지 행동을 해요.
어떤 사람은 옆 사람과 이야기를 나누고,
또 어떤 사람은 쓰레기를 줍기도 하지요.
그래서 행(行)은 '행할 행'으로도 쓰여요.
착한 행동은 '선행(善行)'이에요.
반대로 그릇된 행동은 '비행(非行)'이라고 하지요.

'한자 암기 카드'를 보면서 빈칸에 알맞은 말을 써 보세요.

사람이 다니는 사거리를 본떠, 다닐 행, 행할 행(行).

行의 뜻은 ① 다니다 , ② 행하다 이고, 음은 ③ ○ 입니다.

1. 行의 뜻을 찾아 ➡에서 ●까지 길을 따라가 보세요.

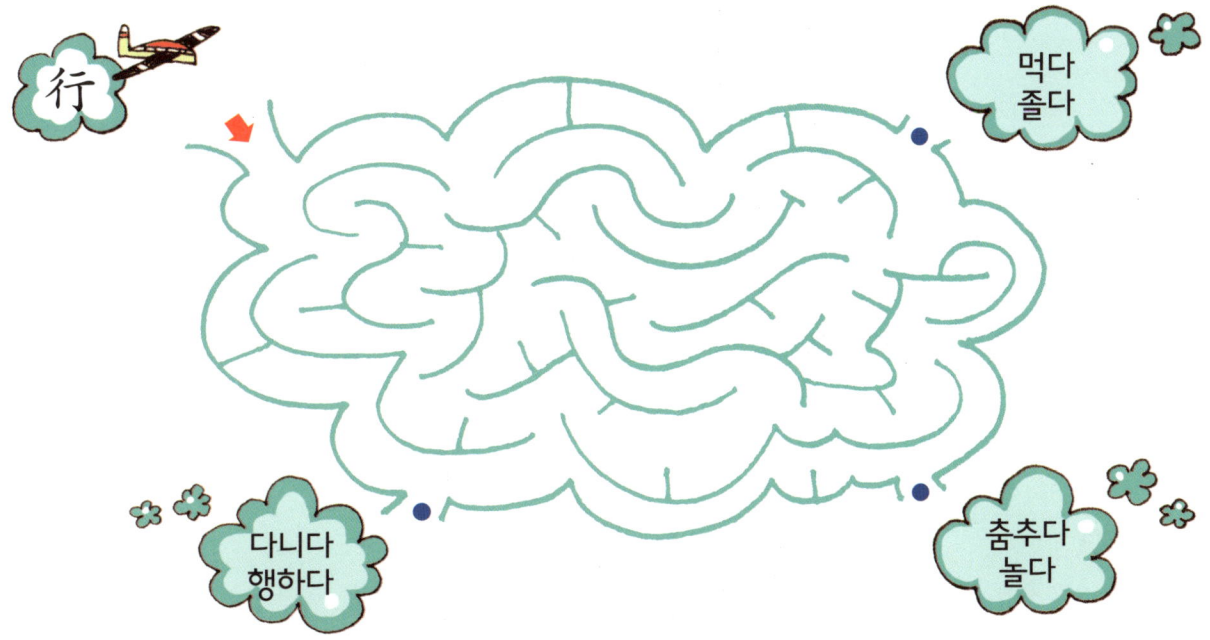

2. 인절미 할머니가 行의 음을 틀리게 썼어요. 선 하나를 그어 바르게 고쳐 주세요.

3. '한자 암기 카드'를 생각하면서 行을 순서에 따라 써 보세요.

1 생쥐들이 운동화 끈을 꿰려고 해요. 낱말의 뜻과 낱말을 바르게 이어 보세요.

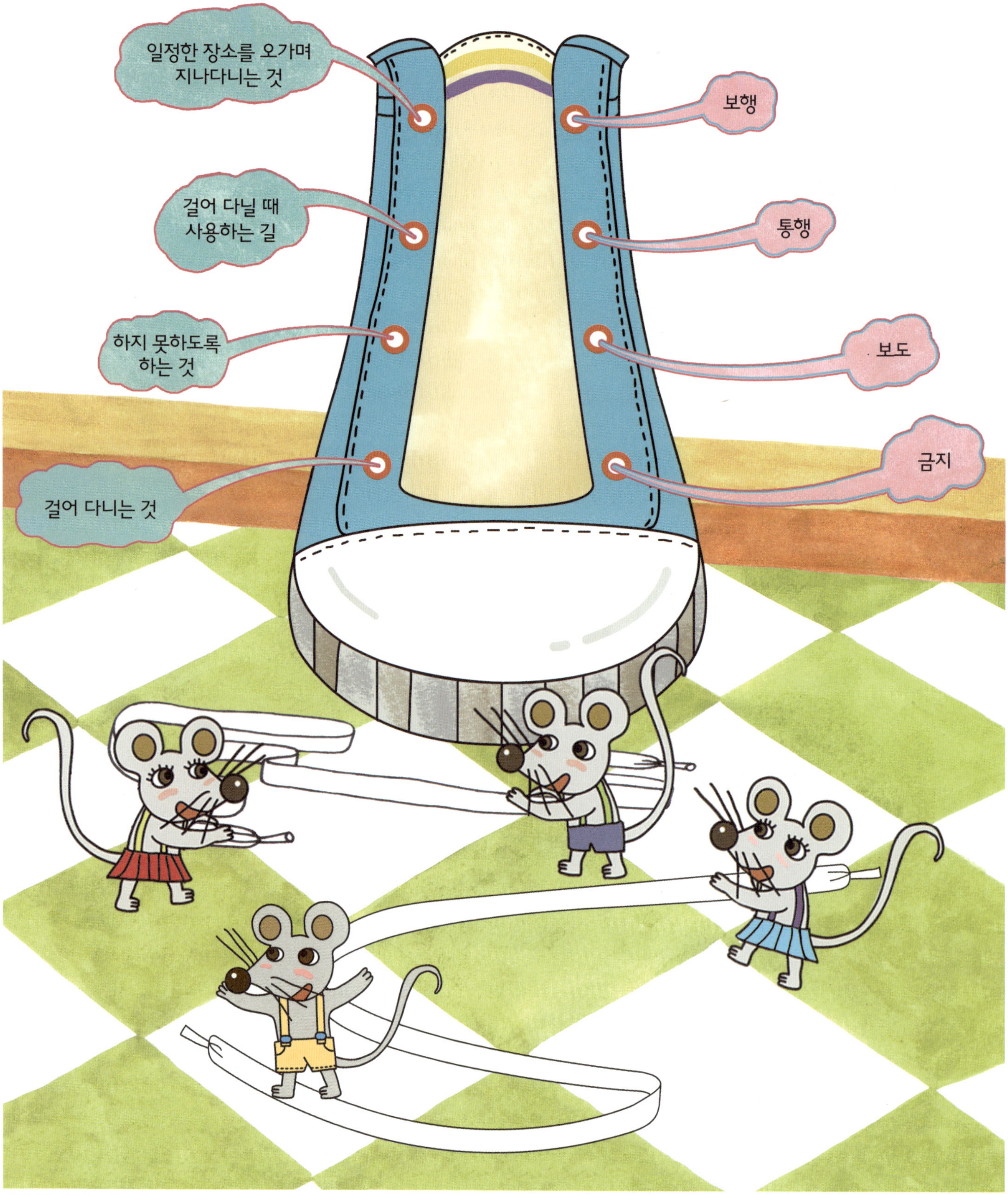

- 일정한 장소를 오가며 지나다니는 것
- 걸어 다닐 때 사용하는 길
- 하지 못하도록 하는 것
- 걸어 다니는 것

- 보행
- 통행
- 보도
- 금지

2 거미에 쓰인 낱말의 알맞은 뜻을 나뭇잎에서 찾아 ○표 하세요.

- 걸어 다니는 것
- 일정한 장소를 오가며 지나다니는 것
- 하지 못하도록 하는 것
- 같이 쓰지 않고 오로지 혼자서만 쓰는 것
- 걸어 다닐 때 사용하는 길

거미: 전용

3 <보기>에 맞는 한자를 찾아 ○표 하세요.

<보기> 사람이 다니는 사거리를 본떠, 다닐 행

入　長　家　行

어휘랑 놀자 １

○ 동시 속의 주황색 낱말들은 무슨 뜻일까요? 잘 생각하면서 다음 동시를 읽어 보세요.

후드득후드득 창문을 두드리는 빗방울 소리에
엄마의 설거지 소리가 달그락달그락 장단을 맞추면,
우리 집 멍멍이가 발름발름 코로 춤을 추어요.

흥얼흥얼 엄마의 노랫소리에
아기가 배틀배틀 걸음마를 시작하면
우리 집 새끼 고양이 촐래촐래 따라나서요.

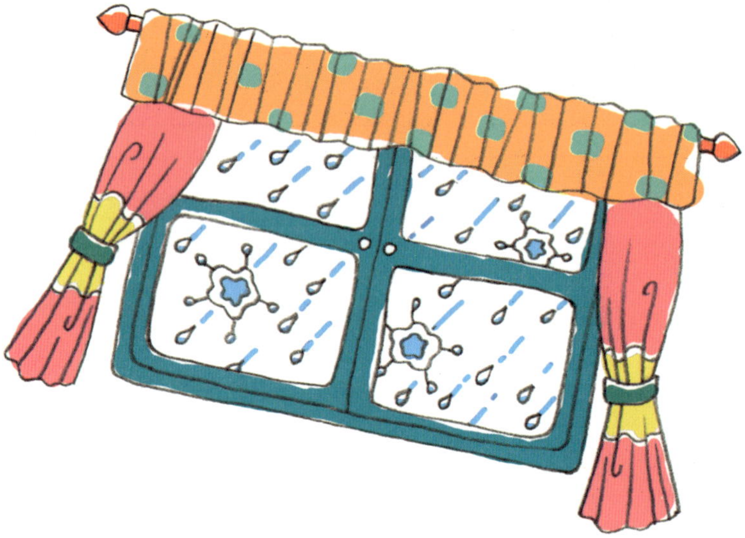

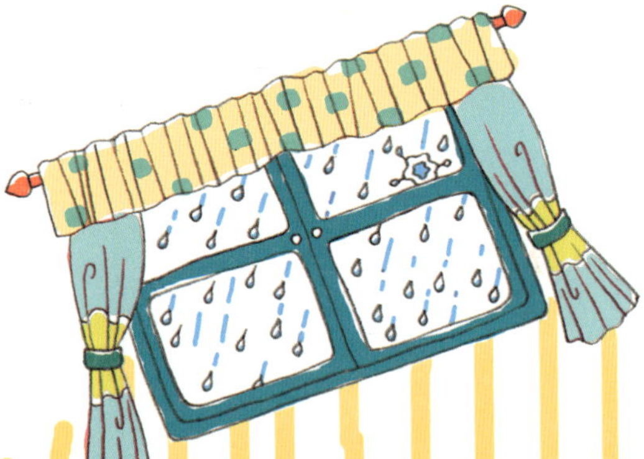

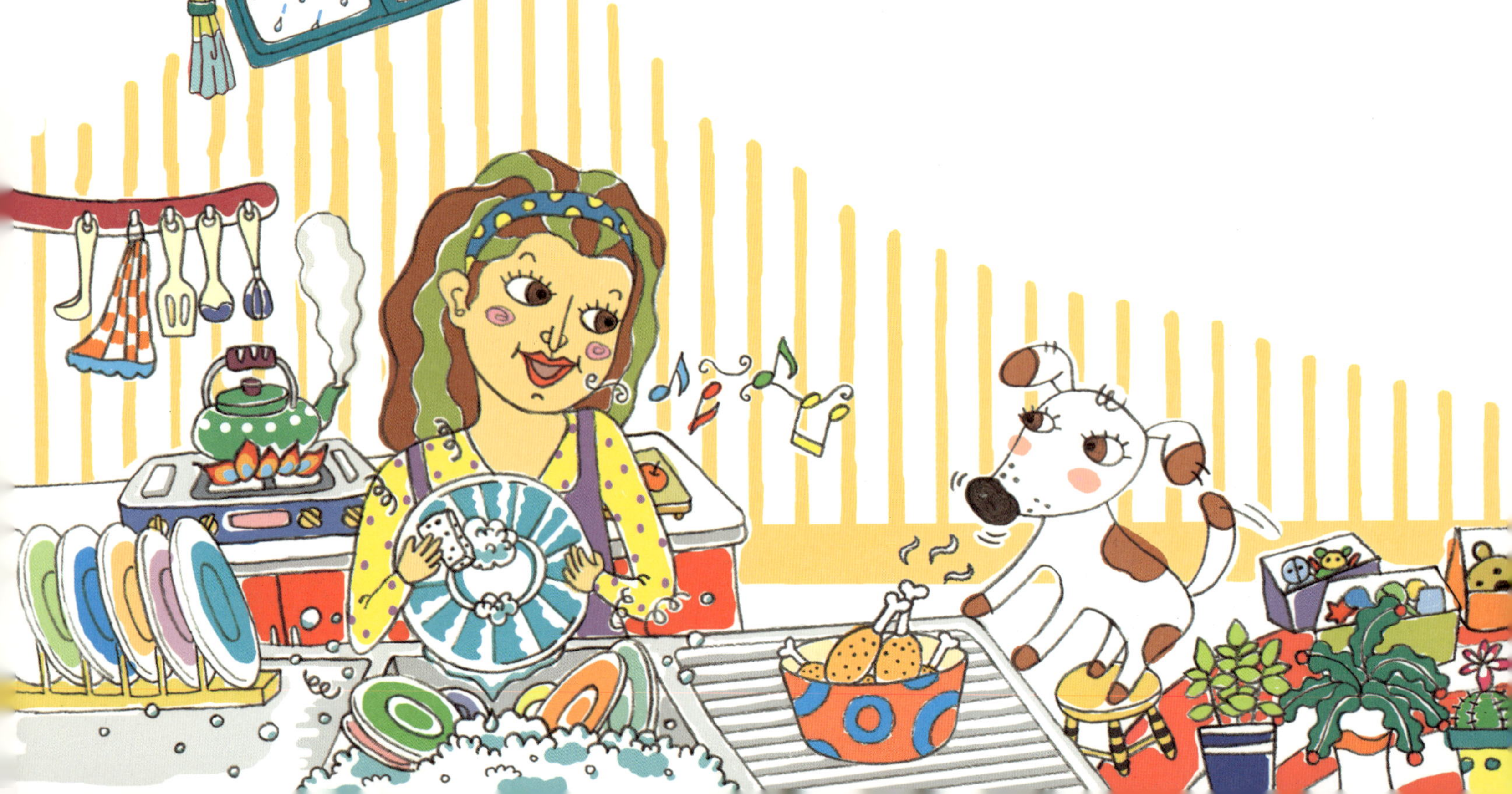

 **맛보기** 그림을 잘 보고, 〈보기〉에서 알맞은 낱말을 골라 ⬜ 에 번호를 써 보세요.

〈보기〉 ①배틀배틀, ②후드득후드득, ③촐래촐래, ④달그락달그락, ⑤발름발름, ⑥흥얼흥얼

1

접시들이 부딪치며 ⬜ 소리가 나요.
▶ 작고 단단한 물건이 흔들리면서 부딪치는 소리예요.

2
아기가 ⬜ 걸음마를 해요.
▶ 몸을 잘 가누지 못하고 요리조리 쓰러질 듯이 걷는 모양이에요.

3

엄마는 기분이 좋으신지 ⬜ 노래를 부르고 계세요.
▶ 흥에 겨워 계속 입속으로 노래를 부르는 소리나 모양이에요.

4

맛있는 냄새가 나자 아까부터 우리 집 개가 코를 ⬜ 해요.
▶ 부드럽고 넓게 벌어졌다 닫혔다 하는 모양이에요.

5
새끼 고양이가 아기 뒤를 ⬜ 따라다녀요.
▶ 매우 가볍게 까불거리며 행동하는 모양이에요.

6

굵은 빗방울이 ⬜ 떨어져요.
▶ 굵은 빗방울 따위가 성기게 떨어지는 소리예요.

돋보기

비가 내리는 날이에요. 그림을 잘 보고 〈보기〉에서 알맞은 낱말을 골라 ◯ 안에 써 보세요.

잘 모르겠으면 17쪽을 읽어 봐요.

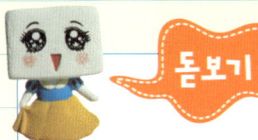

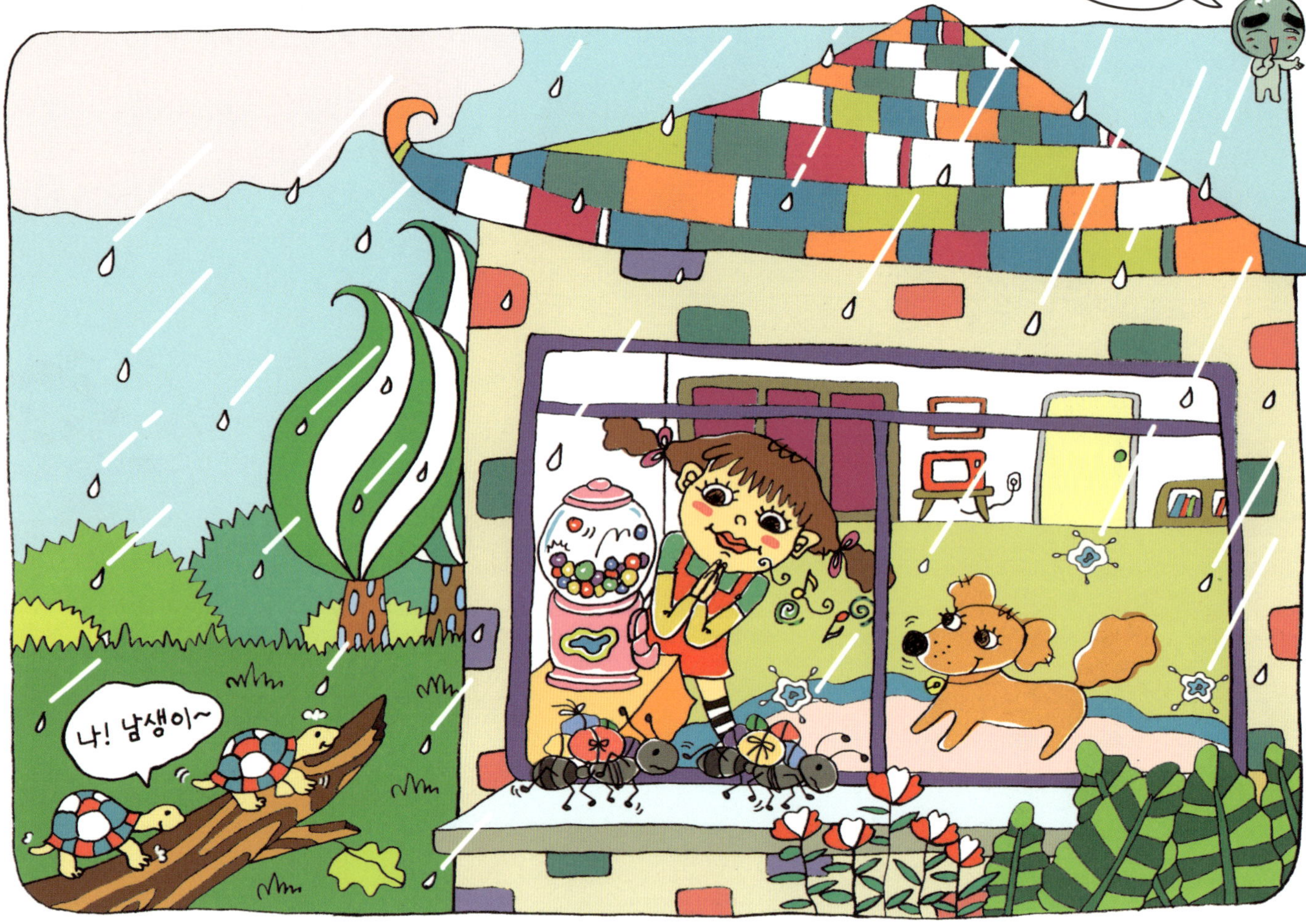

〈보기〉 달그락달그락, 흥얼흥얼, 배틀배틀, 촐래촐래, 발름발름, 후드득후드득

갑자기 ❶ (   ) 굵은 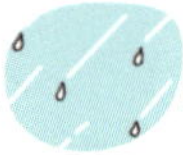 빗방울 이 떨어졌어요. 비가 오는 것이 반가운지 남생이 들이 고개를 내밀고 ❷ (   ) 걸어 나왔어요. 무거운 짐을 나르던 개미 는 ❸ (   ) 하며 집을 향해 걸어갔지요. ❹ (   ) 노래를 부르며 창밖을 구경하던 나는 알사탕이 들어 있는 알사탕 통 을 가져왔어요. 버튼을 누르자 ❺ (   ) 소리를 내며 알사탕이 돌아갔어요. 우리 집 개 는 이 소리를 듣고 얼른 달려와 코를 ❻ (   ) 하며 냄새를 맡았어요.

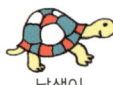

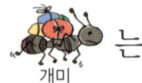

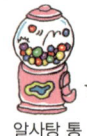

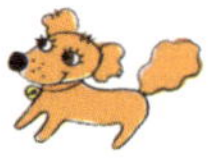

본뜬 의擬 소리 성聲 말씀 어語

의성어

소리를 본뜬 말.
소리를 흉내 낸 말이에요.

달그락달그락
작고 단단한 물건이 흔들리면서 부딪치는 소리예요.
접시들이 서로 부딪쳐 달그락달그락 소리를 내기도 하고,
통 속에 든 구슬들이 서로 부딪쳐 달그락달그락 소리를 내기도 해요.

후드득후드득
굵은 빗방울 따위가 성기게 떨어지는 소리예요.
빗방울이 후드득후드득 소리를 내며 하늘에서 떨어져요.

흥얼흥얼은 의성어로도 쓰이고, 의태어로도 쓰여~

흥얼흥얼
흥에 겨워 계속 입속으로
노래를 부르는 소리나 모양이에요.
노래를 흥얼흥얼 부르기도 하고,
시를 흥얼흥얼 읊기도 해요.

발름발름
부드럽고 넓게 벌어졌다 닫혔다 하는 모양이에요.
달리기를 하고 나면 숨이 차서 코가 발름발름해요.
개가 냄새를 맡을 때에도 코를 발름발름하지요.

촐래촐래
매우 가볍게 까불거리며 행동하는 모양이에요.
남생아 놀아라. 촐래촐래 잘 논다.

배틀배틀
몸을 잘 가누지 못하고 요리조리 쓰러질 듯이
걷는 모양이에요. 걸음마를 배우는
아기들이 배틀배틀 걷는 것을 볼 수 있어요.
이삿짐을 나르는 아저씨들도 짐이
무거울 때면 배틀배틀 걸어요.

본뜬 의擬 모양 태態 말씀 어語

의태어

모양을 본뜬 말.
모양이나 움직임을 흉내 낸 말이에요.

한자에 대한 설명을 읽고, 한자를 익혀 보세요.

말씀 어(語)는 말씀 언(言)과 나 오(吾)를 합쳐서 만들었어요.
말씀 언(言)은 위【二】·아래【二】로
입【口】을 놀려 말하는 데서 나왔다고 해요.
나 오(吾)는 다섯【五】 손가락으로 나를
가리키며 말한다【口】는 데서 나왔어요.
이 두 글자가 합쳐지면 어떤 뜻이 될까요?
바로 말【言】로 나【吾】의 뜻을 알린다는 뜻이지요.

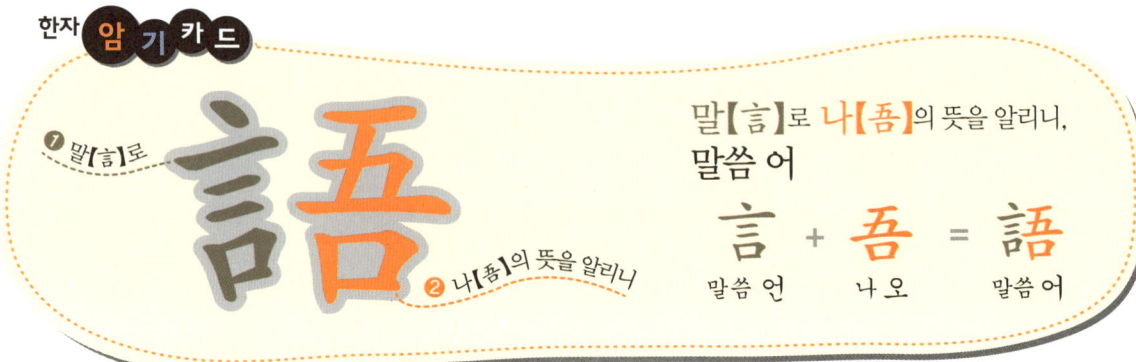

二는 2개를 뜻하는 '두 이'나 여기에서는 위·아래로 움직이는 입술의 모습으로 해석했어. 五는 '다섯 오', 口는 '입 구, 말할 구, 구멍 구'야.

우리가 흔히 쓰는 낱말인
한국어(韓國語), 영어(英語),
일본어(日本語), 중국어(中國語)에도
모두 어(語)가 들어가요. 나라마다
쓰는 말은 달라도 말로 자신의 뜻을
알리는 건 마찬가지지요.

'한자 암기 카드'를 보면서 빈칸에 알맞은 말을 써 보세요.

❶ ◯【言】로 ❷ ◯【吾】의 뜻을 알리니, 말씀 어(語).

語의 뜻은 ❸ ◯◯ 이고, 음은 ❹ ◯ 입니다.

1 語의 뜻을 찾아 ➡에서 •까지 길을 따라가 보세요.

2 인절미 할머니가 語의 음을 틀리게 썼어요. 선 하나를 그어 바르게 고쳐 주세요.

어디에 선을 그어야 하지?

3 '한자 암기 카드'를 생각하면서 語를 순서에 따라 써 보세요.

말[言]로
나[吾]의 뜻을
알리니,
말씀 어(語)

1 걸리버를 묶으려고 해요. 낱말의 알맞은 뜻을 찾아 바르게 이어 보세요.

- 배틀배틀 — 작고 단단한 물건이 흔들리면서 부딪치는 소리
- 흥얼흥얼 — 몸을 잘 가누지 못하고 요리조리 쓰러질 듯이 걷는 모양
- 발름발름 — 흥에 겨워 계속 입속으로 노래를 부르는 소리나 모양
- 달그락달그락 — 부드럽고 넓게 벌어졌다 닫혔다 하는 모양
- 후드득후드득 — 굵은 빗방울 따위가 성기게 떨어지는 소리

2 꽃병에 쓰인 뜻에 맞는 낱말을 꽃에서 찾아 색칠하세요.

3 한자 카드가 찢어졌어요. 주어진 한자와 뜻음을 잘 보고 나머지 반을 찾아 ○표 하세요.

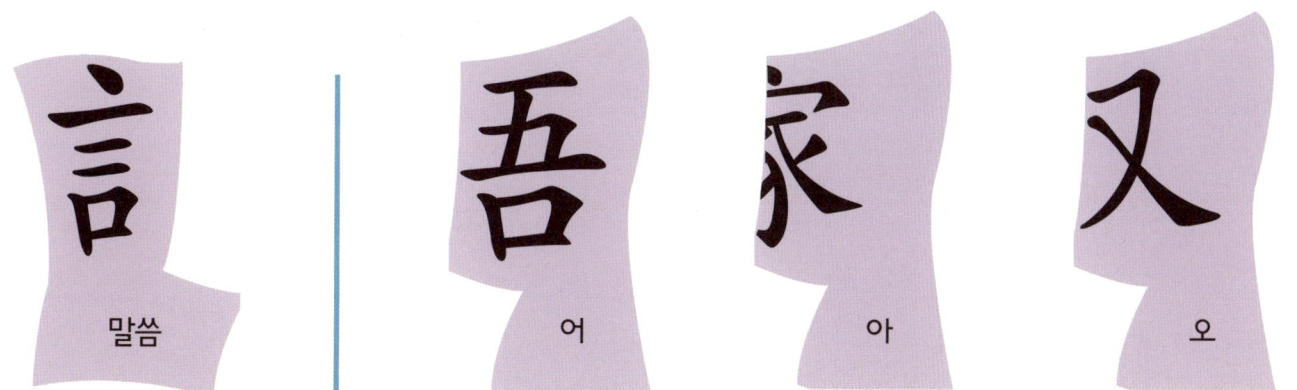

비슷해서 틀리기 쉬운 말 비교해서 틀리지 말자

7월 2일 수요일

무인도에서 하루가 금방 갔다. 낯에는(→'낮에는'이 옳단다.) 너무 더웠다.
집이 없어서 그런가 보다.
집을 지으려고 돌을 부시고(→'부수고'라고 써야 한단다.), 나뭇잎이랑 나뭇가지를
주섰다(→'주웠다'라고 쓴단다.). 저녁이 되니 배가 고팠다.
물고기를 잡으려고 낙시대(→'낚싯대'라고 써야 해.)를 만들었다.

*이 글은 초등학교 1학년 어린이가 쓴 일기입니다.

해가 뜨면 '낮', 얼굴은 '낯'

해가 떠 있는 시간은 '낯'이 아니라 '낮'이라고 써야 해.
'낮'은 해가 뜰 때부터 질 때까지를 말하는데,
비가 오는 날이나 구름이 많이 낀 날이라고 해서
낮이 없다고 생각하는 친구들은 없겠지?
구름에 가려서 우리 눈에 보이지 않지만 해는 항상 떠 있단다.

해가 뜨면 낮

낮
- 아침이 지나고 저녁이 되기 전까지.
- 예) 여름은 밤보다 낮이 길다.
- 예) 낮잠을 많이 자서 그런지 밤에 잠이 오지 않는다.

얼굴은 낯

낯
- 눈, 코, 입이 있는 얼굴의 바닥.
- 예) 낯빛이 어둡다.
- 남을 대할 때의 체면이나 면목.
- 예) 그를 대할 낯이 없다.

평가 문제

1~5 빈칸에 알맞은 낱말을 〈보기〉에서 골라 써 보세요.

〈보기〉 전용, 통행, 달그락달그락, 발름발름, 금지

1. 이곳은 어린이 ○○ 극장이라서 어린이들만 들어갈 수 있어요.

2. 부엌에서 엄마의 설거지 소리가 ○○○○○○ 들려옵니다.

3. 맛있는 냄새를 맡더니 강아지 콧구멍이 ○○○○ 해요.

4. 지하철역은 오늘따라 사람들의 ○○ 이 많아 붐볐어요.

5. 이곳은 공사 중이어서 사람들이 오가는 것을 ○○ 하고 있어요.

6. 엄마와 훈이가 이야기를 하고 있어요. ㉠~㉣ 중 밑줄 친 말이 잘못 쓰인 것을 찾아 ○표 하세요

> 엄마 : 어머나, 다쳤구나! 그렇게 ㉠<u>출래출래</u> 까불더니.
>
> 훈이 : 아니에요. ㉡<u>후드득후드득</u> 빗소리에 놀라 넘어진 거예요.
>
> 엄마 : 걸음마 배우는 아기도 아닌데 ㉢<u>배틀배틀</u>하면 못써.
>
> 훈이 : 엄마는 만날 ㉣<u>흥얼흥얼</u> 화만 내시고, 너무해요.

문제 푸느라 땀나지? 자, 주스 한 잔씩 쭉 마셔.

7. <보기>의 밑줄 친 말에 공통으로 쓰인 한자는 무엇인지 골라 ○표 하세요.

<보기> 한국<u>어</u>, 영<u>어</u>, 일본<u>어</u>, 중국<u>어</u>

❶ 言   ❷ 語   ❸ 行   ❹ 吾

앗! 저건 '한자가 술술'에서 배운 거네.

8~10 다음 글을 읽고 물음에 답하세요.

> 오늘은 개학하는 날!
> 서연이는 늦잠을 자는 바람에 바쁘게 집을 나왔어요.
> 학교에 가려면 동네 주차장을 지나가야 하는데
> 차들이 길을 막고 있어서 빨리 지나갈 수가 없었어요.
> 골목길 곳곳에는 공사 때문에 ㉠<보행 금지> 표지판이 세워져 있어서
> 빠져나오는 데 힘이 들었지요.
> 가까스로 ㉡사거리에 도착했어요.
> <횡단 ㉢   >에 오니 신호등이 빨간 불이었어요.
> 빨간 불을 보며 서연이는 지각할까 봐 마음이 조마조마했어요.

8. ㉠은 어떤 뜻인지 찾아 ○표 하세요.

❶ 들어오지 마세요.　　❷ 어린이만 이용하세요.
❸ 걸어 다닐 수 없어요.　　❹ 낮 시간에만 놀 수 있어요.

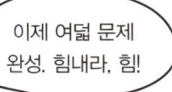
이제 여덟 문제 완성. 힘내라, 힘!

9. ㉡과 관계있는 <보기>의 한자를 써 보세요.

<보기> 사람이 다니는 사거리를 본떠, 다닐 행

10. ㉢에 들어갈 두 글자로 된 낱말을 <보기>에서 골라 써 보세요.

<보기> 통행, 보도

콕콕 정답

제1일차
05쪽 ❶ 금지 ❷ 보행 ❸ 전용 ❹ 보도 ❺ 통행
06쪽 ❶ 전용 ❷ 금지
07쪽 ❶ 보행 ❷ 보도 ❸ 통행

제2일차
08쪽 ❶ 다니다 ❷ 행하다 ❸ 행
09쪽
10쪽
11쪽

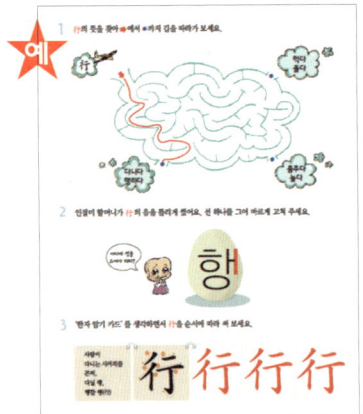  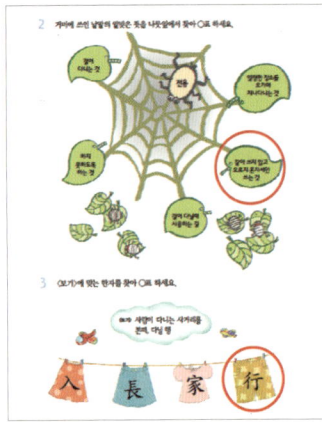

제3일차
15쪽 ❶ 4 ❷ 1 ❸ 6 ❹ 5 ❺ 3 ❻ 2
16쪽 ❶ 후드득후드득 ❷ 졸래졸래 ❸ 배틀배틀 ❹ 흥얼흥얼 ❺ 달그락달그락 ❻ 발름발름

제4일차
18쪽 ❶ 말 ❷ 나 ❸ 말씀 ❹ 어
19쪽
20쪽
21쪽

 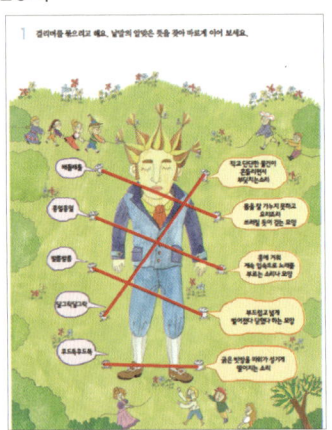 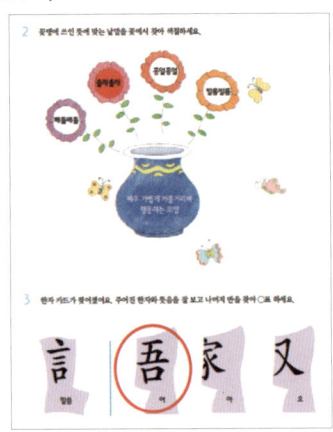

제5일차
24~25쪽 1. 전용 2. 달그락달그락 3. 발름발름 4. 통행 5. 금지 6. ㉣ 7. ❷ 8. ❸ 9. 行 10. 보도

⭐가 표시된 열린 미로 문제는 아이들의 생각에 따라 답을 찾아가는 길이 표시된 것과 다를 수 있습니다.

의성어와 의태어

이야기를 들을 때나 책을 읽을 때 흉내 내는 말이 없다면 재미없겠지? 소리를 흉내 내는 말을 의성어(擬聲語)라 하고, 행동이나 모양을 흉내 내는 말을 의태어(擬態語)라 한단다. 그럼 우리 함께 의성어와 의태어를 알아볼까?

● 의성어(擬聲語) – 소리를 흉내 낸 말

- **매암매암**   매미가 우는 소리예요.
- **개굴개굴**   개구리가 우는 소리예요.
- **바스락**   마른 잎이나 종이를 가볍게 밟거나 뒤적일 때 나는 소리예요.
- **덜커덩덜커덩**   크고 단단한 물건이 부딪쳐 울리는 소리예요.
- **드르렁드르렁**   코를 요란하게 고는 소리예요.
- **째깍째깍**   시계의 톱니바퀴가 돌아가는 소리예요.
- **삐걱삐걱**   크고 단단한 물건이 자꾸 서로 닿아서 갈릴 때 나는 소리예요.
- **쨍그랑**   유리로 된 물건이 떨어져서 깨지며 나는 소리예요.
- **짝짝짝**   손바닥을 부딪쳐 내는 소리예요.
- **뚝딱뚝딱**   단단한 물건을 가볍게 두드리는 소리예요.

● 의태어(擬態語) – 모양이나 움직임을 흉내 낸 말

- **겅중겅중**   긴 다리를 모으고 힘 있게 솟구쳐 뛰며 걷는 모양이에요.
- **오물오물**   음식물을 입안에 넣고 조금씩 자꾸 씹는 모양이에요.
- **성큼성큼**   다리를 높이 들어 크게 떼어 놓는 모양이에요.
- **살금살금**   남이 알아차리지 못하도록 눈치를 살피며 살며시 행동하는 모양이에요.
- **끄덕끄덕**   고개 따위를 아래위로 가볍게 자꾸 움직이는 모양이에요.
- **으쓱으쓱**   어깨를 자꾸 들먹이는 모양이에요.
- **방실방실**   입을 예쁘게 살짝 벌리고 소리 없이 밝게 웃는 모양이에요.
- **히죽히죽**   만족스러운 듯이 살짝 자꾸 웃는 모양이에요.
- **한들한들**   가볍게 이리저리 흔들리는 모양이에요.
- **모락모락**   연기나 냄새, 김 등이 계속 조금씩 피어오르는 모양이에요.

마법의 상위권 어휘 스스로 평가표

01
다음 중 뜻을 자신 있게 말할 수 있는 낱말은 ○표, 알쏭달쏭한 낱말은 △표, 자신 없는 낱말은 ×표 하세요.
보도(　)　　전용(　)　　통행(　)　　금지(　)　　보행(　)　　후드득후드득(　)
달그락달그락(　)　　발름발름(　)　　흥얼흥얼(　)　　배틀배틀(　)　　졸래졸래(　)

02
다음 중 뜻과 음을 자신 있게 말할 수 있는 한자는 ○표, 알쏭달쏭한 한자는 △표, 자신 없는 한자는 ×표 하세요.
行(　)　　語(　)

03
〈평가 문제〉를 모두 풀고 정답을 확인해 보세요. 10문항 중 내가 맞힌 문항 수는 몇 개인가요?
❶ 9-10문항(　)　　❷ 7-8문항(　)　　❸ 5-6문항(　)　　❹ 3-4문항(　)　　❺ 1-2문항(　)

| 부모님과 선생님께 |
위에서 어린이가 스스로 적은 내용을 보고, 어린이가 어려워하는 부분을 함께 보면서 어휘의 뜻과 쓰임을 이해할 수 있도록 해 주세요.

어휘를 알아야 만점을 잡는다!

초등 **1-1** 단계

스토리텔링식 신교과서 학습을 위한

마법의 상위권 어휘

제 **4** 호

어휘가 쑥쑥 자라요.

부모님과 선생님께서는 이렇게 지도해 주세요

제 **1** 일차	제 **2** 일차	제 **3** 일차	제 **4** 일차	제 **5** 일차
빨간 모자와 늑대의 이야기를 읽고, '역할, 처지, 배려, 측은, 공감'을 익힙니다. 맛보기를 풀어 보고, 돋보기에서 어휘의 뜻과 설명을 공부하도록 지도해 주세요.	'地'를 배우고, '地'와 '역할, 처지, 배려, 측은, 공감'에 관련된 문제를 풀어 보며, 어휘 학습을 하도록 지도해 주세요.	서점에 간 이야기를 읽고, '견본, 견학, 발견, 편견, 의견'을 익힙니다. 맛보기를 풀어 보고, 돋보기에서 어휘의 뜻과 설명을 공부하도록 지도해 주세요.	'見'을 배우고, '見'과 '견본, 견학, 발견, 편견, 의견'에 관련된 문제를 풀어 보며 어휘 학습을 하도록 지도해 주세요.	교재에서 배운 모든 어휘와 한자에 대한 평가 문제를 풀어 보며 어휘 실력을 다지고, 자신의 실력도 평가해 봅니다.

교과서 학습 어휘 01

돋보기: 역할 · 처지 · 배려 · 측은 · 공감

◐ 글 속의 주황색 낱말들은 무슨 뜻일까요? 잘 생각하면서 다음 글을 읽어 보세요.

숲 속을 가던 빨간 모자가 엉엉 울고 있는 늑대를 만났어요.
"늑대야, 왜 우니?"
"두 팔을 다쳐서 며칠째 굶었더니 배가 너무 고파. 엉엉~."
그때 늑대는 빨간 모자가 들고 있는 바구니를 보았어요.
"빨간 모자야, 그건 뭐니?"
"응~. 앓아누워 계신 할머니께 가져다 드릴 음식이야. 오늘 내 역할은 엄마의 심부름이거든."
"그럼 나한테 음식 좀 나누어 줄래?"
"불쌍한 네 처지를 배려해서 음식을 나누어 주고 싶지만 이건 할머니께 가져다 드려야 해."
"제발 조금만 줘. 배가 너무 고파. 흑흑!"
늑대가 흐느끼자 빨간 모자는 측은한 생각이 들었어요.
"그럼 나도 공감하니까 조금만 나누어 줄게."
빨간 모자는 바구니에서 음식을 조금 꺼내 늑대에게 주었어요.
늑대는 허겁지겁 음식을 먹어 치우고 나서 금세 기분이 좋아져 숲 속으로 사라졌어요.

 **맛보기** 그림을 잘 보고, 두 개의 낱말 가운데 알맞은 하나를 골라 ◯ 하세요.

1

"집 안 청소를 할 때 내 공감 (역할) 은 신발을 정리하는 일이에요."
▶ 나누어 맡은 일을 말해요.

2
"이 자리는 몸이 불편한 사람들을 배려 역할 해서 비워 놓은 거예요."
▶ 나만 생각하지 않고 마음을 나누어 남을 생각하고 보살피는 것을 말해요.

3

"이 책의 재미있는 이야기는 어린이들 사이에서 많은 역할 공감 을 불러일으켰어요."
▶ 어떤 것에 대하여 남과 똑같이 느끼는 것이에요.

4
"너도 나와 똑같은 처지 배려 가 되면 나를 이해할 수 있을 거야."
▶ 처하여 있는 상황이나 형편을 말해요.

5

"텔레비전에서 굶주리고 헐벗은 아이들을 보니 측은 역할 한 마음이 들었어요."
▶ 형편이 딱함을 슬퍼하여 가엾게 여기는 것을 말해요.

돋보기

영떡스 클럽의 쑥 송편에게 고민이 생겼어요. 무슨 고민일까요? 다음 글을 읽으며, 낱말을 익혀 보세요.
그리고 쏙쏙 문제도 풀어 보세요.

> '영떡스 클럽에서 내 **역할**은 무얼까?
> 흰 송편은 노래를 잘하고, 분홍 송편은 춤을 잘 추지.
> 그럼 난? 내 역할은 단지 3인조 댄스 그룹의 머릿수를 채우는 것일까?
> 게다가 흰 송편엔 깨, 분홍 송편엔 밤이 들어 있건만, 아! 왜 내 속엔
> 콩이 들어 있단 말인가! 아이들이 싫어하는 콩, 콩! 내 **처지**가 정말 불쌍하다!

영떡스 클럽에서 내 역할은 뭘까?

일 역 役   나눌 할 割
역 할
뜻▶ 나눈 일.

나누어 맡은 일을 '**역할**'이라고 해요.
우리 집에서 내 역할은 심부름을 하는 것이고,
동생의 역할은 장난감을 정리하는 것이에요.

처할 처 處   처지 지 地
처 지

처하여 있는 상황이나 형편을 '**처지**'라고 해요.
장마로 집을 잃어버린 사람들은 어려운 처지에 놓이게 되지요.

게다가 하고많은 것 중에 콩이라니! 내 처지가 정말 불쌍하다!

쏙쏙 문제

빈칸에 알맞은 낱말을 〈보기〉에서 골라 써 보세요.   〈보기〉 역할, 처지

• 우리 반 연극에서 내가 주인공 ❶ [   ] 을 맡았어요.

• 이번 연극은 갑작스러운 사고로 불행한 ❷ [   ] 에 놓인 친구를 돕는 이야기예요.

> 쑥 절편 매니저는 늘 흰 송편과 분홍 송편만 위하지.
> 아무도 날 **배려**하지도, **측은**하게 생각하지도 않아!
> 아, 괴롭다! 지금 내 처지에 **공감**해 줄 사람은 어디에 있단 말인가?'

제 1 일차

배 려

낱 마음을 나누어 생각하는 것.

나만 생각하지 않고 마음을 나누어 남을 생각하고 보살피는 것을 '**배려**'라고 해요. 비가 오는 날 우산을 안 가져온 친구와 우산을 나누어 쓰는 것도 배려예요.

측 은

낱 슬퍼하여 가엾게 여김.

형편이 딱함을 슬퍼하여 가엾게 여기는 것을 '**측은**'이라고 해요. 주인이 버린 강아지를 볼 때면 측은한 마음이 들어 가슴이 아파요.

공 감

낱 함께 느끼는 것.

어떤 것에 대하여 남과 똑같이 느끼는 것을 '**공감**'이라고 해요. 잘못을 했을 때 부모님께 혼이 날까 봐 불안해 하는 것은 누구나 공감할 거예요.

쏙쏙 문제

빈칸에 알맞은 낱말을 〈보기〉에서 골라 써 보세요.   〈보기〉 공감, 배려, 측은

- 불우한 이웃을 ❶ _____ 하게 생각하고, ❷ _____ 하는 마음을 가지고 도와 보세요.
- 내 생각을 솔직하게 얘기하면 친구의 ❸ _____ 을 얻을 수 있어요.

한자에 대한 설명을 읽고, 한자를 익혀 보세요.

7급

뜻	음
땅	지
처지	지

총 6획 | 부수 土, 3획

옛날 사람들은 땅 하면 뱀을 생각했어요.
땅 위에 뱀이 엄청나게 많이 살고 있었기 때문이지요.
그래서 땅 지(地)를 흙【土】위에 뱀【它→也】들이
기어 다니는 모양을 보고 만들었어요.

한자 **암기카드**

❶ 흙【土】위에 ❷ 뱀【它→也】들이 기어 다니니

흙【土】위에 뱀【它→也】들이
기어 다니니, 땅 지, 처지 지

土 + 也 = 地
흙 토 어조사 야 땅 지

어조사 야(也)는
뱀 사(它)가 바뀌어
쓰인 글자야.

사람들이 농사를 지어 살던 시대,
'땅'의 질은 사람의 '처지'를 결정했어요.
좋은 땅을 가진 사람은 거두어들이는 것이 많아
처지가 좋은 반면, 좋지 않은 땅을 가진 사람은
거두어들이는 것이 적어 처지가 나빴거든요.
그래서 '땅 지'는 '처지 지'로도 쓰였어요.

휴~ 이런 산골짜기에
있는 나쁜 땅에서는 아무리
열심히 농사를 지어도
처지가 좋아지질 않아.

좋은 땅에서
농사를 지으니
처지가 좋아지는군.

바꿀 역 易 처지 지 地   생각 사 思 그것 지 之

역지사지

'역지사지'란 말이 있어요.
처지를 바꾸어 생각한다는 뜻이지요.

'한자 암기 카드'를 보면서 빈칸에 알맞은 말을 써 보세요.

❶◯【土】위에 ❷◯【它→也】들이 기어 다니니, 땅 지, 처지 지(地).

地의 뜻은 ❸◯ 땅 , ❹◯ 처지 이고, 음은 ❺◯ 입니다.

1 地의 뜻을 가진 그림에 ○표 하세요.

地

2 地의 뜻이 쓰여 있는 칸을 찾아 색칠하면 地의 음이 나와요. 地의 음을 ⬤ 에 써 보세요.

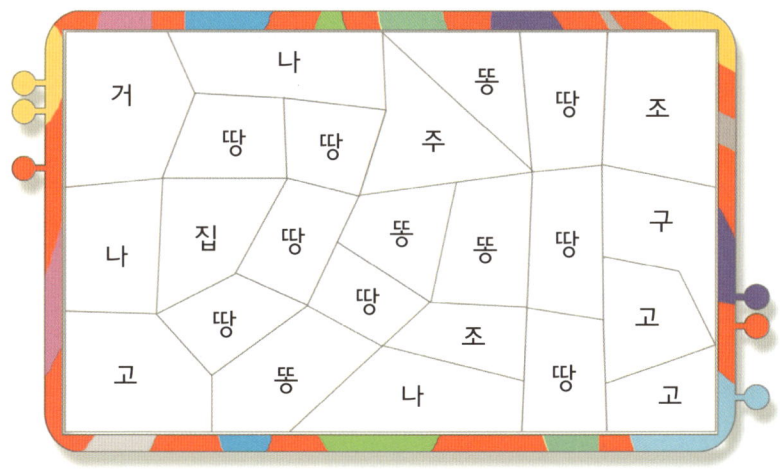

3 '한자 암기 카드'를 생각하면서 地를 순서에 따라 써 보세요.

흙【土】위에
뱀【它→也】들이
기어 다니니,
땅 지,
처지 지(地)

地　地　地　地

1. 마법의 나무에 글자 과일이 주렁주렁 열렸어요. 아래 문장 속 빈 과일과 같은 모양의 글자 과일을 나무에서 찾아 바른 순서대로 빈칸에 써 보세요.

오늘 빨간 모자의 ⬤⬤ 은 엄마의 심부름이에요.

빨간 모자는 늑대의 ⬤⬤ 가 불쌍했어요.

빨간 모자는 늑대를 ⬤⬤ 해 주고 싶었지만 그럴 수 없었어요.

빨간 모자는 흐느끼는 늑대가 ⬤⬤ 한 생각이 들었어요.

빨간 모자는 늑대의 말에 ⬤⬤ 해서 먹을 것을 나누어 주었어요.

2 꽃에 쓰인 뜻에 맞는 낱말을 찾아 ○표 하세요.

제 2 일차

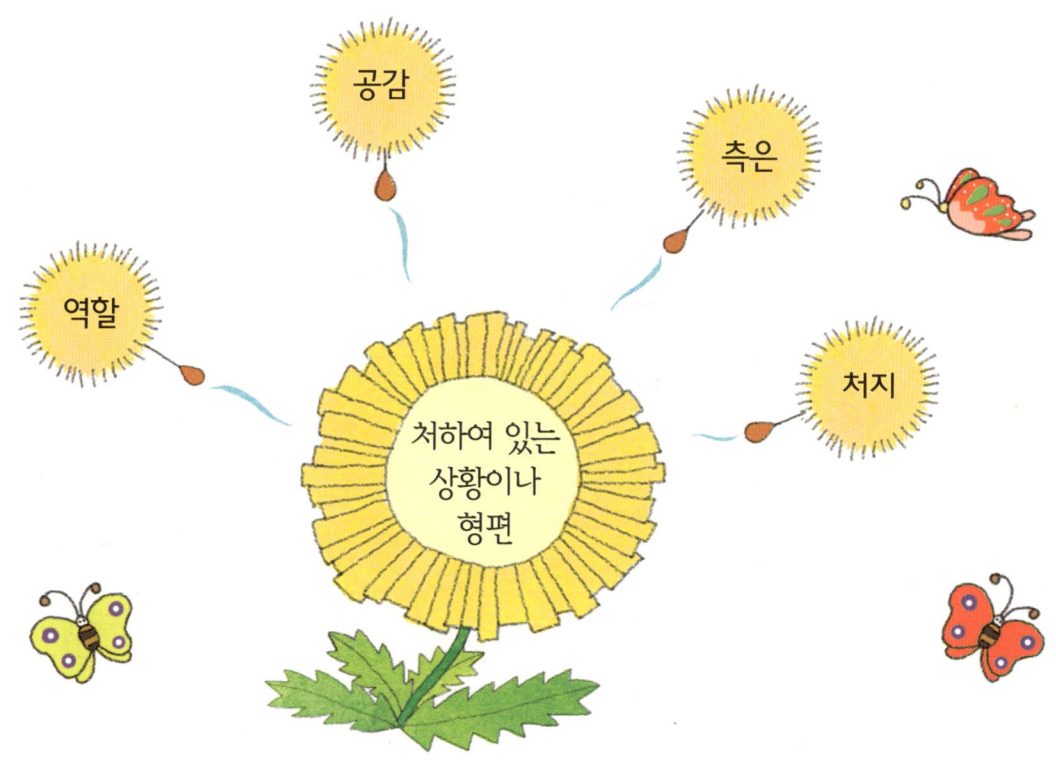

3 〈보기〉에 맞는 한자를 찾아 색칠하세요.

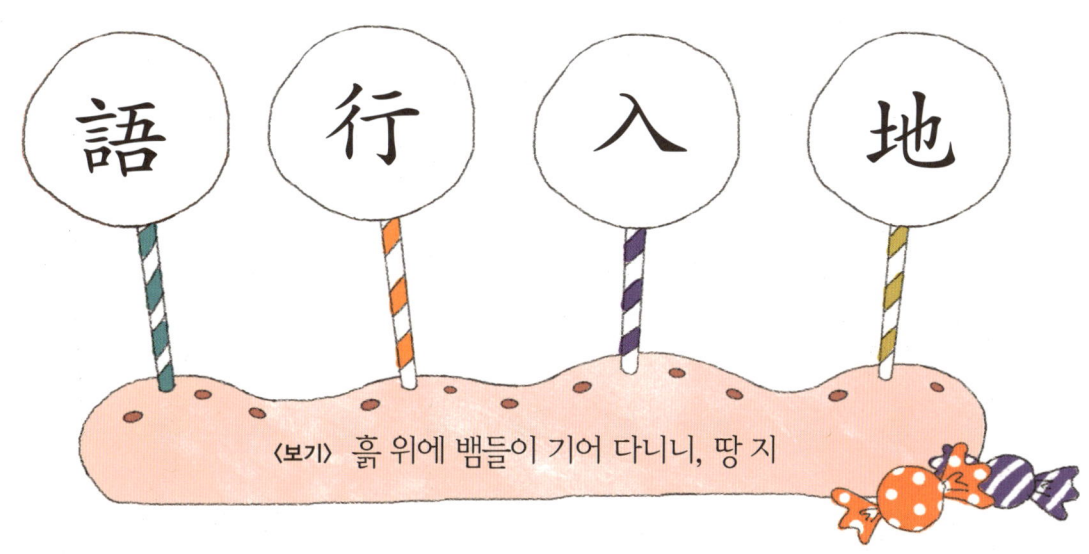

〈보기〉 흙 위에 뱀들이 기어 다니니, 땅 지

 # 바늘 가는 데 실 간다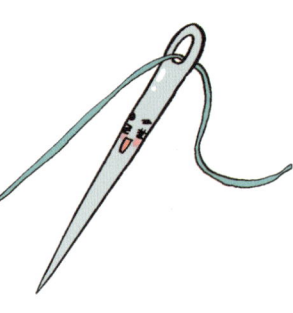

어휘랑 놀자 **1**

바늘 가는 데 실 간다

으레 함께 다니는 두 사람이나 사물의 밀접한 관계를 이르는 말.

| 바른생활 | 슬기로운 생활 | 즐거운 생활 | **국어** | 수학 |

돋보기   견본 · 견학 · 발견 · 편견 · 의견

● 글 속의 주황색 낱말들은 무슨 뜻일까요? 잘 생각하면서 다음 글을 읽어 보세요.

일요일에 서점에 갔어요.

마침 서점에서는 새로 나온 책을 홍보하고 있었어요.

"〈세계 이야기〉란 책이에요. **견본**으로 한번 구경해 보세요."

동생과 나는 책을 받아 펼쳐 보았어요.

거기에는 스코틀랜드라는 나라를 **견학**한 이야기가 쓰여 있었어요.

"형, 이거 봐라! 남자가 치마를 입고 있어!"

나는 동생이 **발견**한 사진을 보고, 남자가 치마를 입었다며 깔깔대고 웃었죠.

"민수야, 민영아, 무슨 일인데 그러니?"

우리는 우리가 본 것을 엄마에게 말씀드렸어요.

엄마는 우리의 이야기를 다 듣고 말씀하셨어요.

"남자가 치마를 입으면 안 된다는 것은 **편견**이란다. 남자도 치마를 입을 수 있어."

"남자가 치마를 입는다고요? 그건 여자 애들이나 입는 건데…….

난 그 **의견**에 찬성할 수 없어요."

내가 고개를 갸웃대자 엄마는 내 생각과 다른 생각을 이해하는 것도 중요하다고 말씀하셨어요.

 **맛보기** 그림을 잘 보고, 두 개의 낱말 가운데 알맞은 하나를 골라 ○ 하세요.

1

"쓰레기 분리 배출에 대한 여러분의 견학 (의견) 을 말해 보세요."
▶ 어떤 일에 대한 생각이에요.

2

"길을 가다가 땅에 떨어진 동전을 발견 편견 했어요."
▶ 남이 미처 찾아내지 못하였거나 세상에 알려지지 않은 것을 먼저 드러내 보이는 것이에요.

3

"어제 우리는 목장을 견본 견학 갔다 왔어요."
▶ 현장에 가서 직접 보고 배우는 것이에요.

4

"새로 나온 우유의 견본 편견 이에요. 한번 맛을 보세요."
▶ 본보기를 보이기 위해 만든 제품이에요. 샘플이라고도 하지요.

5

"남자가 머리를 기르면 안 된다는 것은 발견 편견 이에요."
▶ 한쪽으로 치우친 생각이에요.

돋보기

멍멍 박사가 새로운 에너지 개발에 성공했어요. 글을 잘 읽고 〈보기〉에서 알맞은 말을 골라 ⬡ 안에 써 보세요.

〈보기〉 편견, 의견, 발견, 견본, 견학

잘 모르겠으면 17쪽을 읽어 봐요.

어느 날, 멍멍 박사가 무언가를 ❶ ⬡ 하고 갑자기 소리쳤어요.

멍멍 박사는 서둘러 ❷ ⬡ 을 만드는 일을 시작했어요.

박사의 연구 결과가 알려지자 여기저기서 앞 다투어 ❸ ⬡ 을 발표했어요.

개들은 멍멍 박사가 '똥은 아무짝에도 쓸모없다'는 ❹ ⬡ 을 깬 진정한 과학자라며 환영했죠.

이후로 멍멍 박사의 집에는 새로운 에너지를 직접 보기 위해 여러 나라에서 ❺ ⬡ 을 오고 있어요.

볼 견 見 / 배울 학 學
견학

뜻▶ 실제로 보고 배움.

현장에 가서 직접 보고 배우는 것을 '견학'이라고 해요.
선생님과 함께 방송국이나 자동차 공장을 견학하기도 해요.

오늘은 떡 공장을 견학 갈 거야.
와, 정말 크다!

드러낼 발 發 / 볼 견 見
발견

뜻▶ 드러내 보임.

남이 미처 찾아내지 못하였거나 세상에 알려지지 않은 것을 먼저 드러내 보이는 것을 '발견'이라고 해요.
콜럼버스는 바다를 항해하다 아메리카 대륙을 발견했어요.

이건 새로 나온 '말하는 백설기 떡' 견본이야!
헉! 떡이 말을 하네~

볼 견 見 / 근본 본 本
견본

본보기를 보이기 위해 만든 제품을 '견본'이라고 해요.
흔히 샘플이라고 하지요. 부모님과 마트에 갔다가
새로 나온 주스나 과자의 견본을 맛본 적이 있을 거예요.

뜻 의 意 / 볼 견 見
의견

어떤 일에 대한 생각을 '의견'이라고 해요.
글을 읽고 글쓴이의 의견을 찾아보세요.

치우칠 편 偏 / 볼 견 見
편견

뜻▶ 치우친 의견.

한쪽으로 치우친 생각을 '편견'이라고 해요.
글씨를 왼손으로 쓴다고 이상하게 생각하는 건 편견이에요.
글씨는 오른손으로 쓸 수도 있고, 왼손으로 쓸 수도 있으니까요.

백설기가 하얗다는 편견은 버려 주세요.
검정콩이 콕콕 박혀 있지만 저도 백설기니까요.
백설기 망신 혼자 다 시키는군!

제 3 일차

한자에 대한 설명을 읽고, 한자를 익혀 보세요.

見 5급
뜻: 볼 음: 견
총 7획 | 부수 見

글자의 모습을 자세히 보세요. 사람【儿】 위에 눈【目】이 올라가 있는 게 보이나요? 이 글자는 사람 몸통 위에 큰 눈이 얹힌 모습을 본떠 만들어졌어요. 보는 것을 강조하기 위해 눈을 도드라지게 그린 것이지요. 우리가 무엇을 잘 보려고 할 때 눈을 크게 뜨는 것처럼 말이에요.

아, 가래떡 씨는 언제 봐도 멋져. 더 잘 보려면 눈을 크게 뜨고 봐야지!

헉! 정말 눈밖에 안 보이는군.

사람 인(人)이 글자의 발 부분에 쓰일 때는 儿로 바뀌어 쓰이지.

한자 암기 카드

① 눈【目】을 크게 뜨고
② 사람【儿】이 보니

눈【目】을 크게 뜨고 사람【儿】이 보니, 볼 견

目 + 儿 = 見
눈 목   사람 인   볼 견

볼 견 見 들을 문 聞

견문

눈으로 보는 것만큼 듣는 것도 중요하지요. '견문'을 넓히라는 말을 들어 보았을 거예요. 그건 바로 널리 보고, 많이 들으라는 뜻이에요.

한때 난 견문을 넓히기 위해 이곳저곳을 많이 떠돌아 다녔지.

'한자 암기 카드'를 보면서 빈칸에 알맞은 말을 써 보세요.

① ◯【目】을 크게 뜨고 ② ◯◯【儿】이 보니, 볼 견(見).

見의 뜻은 ③ 보 다 이고, 음은 ④ ◯ 입니다.

1 見의 뜻을 가진 음식에 ○표 하세요.

2 見의 음을 찾아 ➡에서 ●까지 길을 따라가 보세요.

3 한자 암기 카드를 생각하면서 見을 순서에 따라 써 보세요.

1 🍬에 쓰인 뜻에 맞는 사탕을 찾아 색칠하세요.

2 〈보기〉에 맞는 한자를 찾아 ○표 하세요.

〈보기〉 눈을 크게 뜨고 사람이 보니, 볼 견

3. 기차에 쓰인 뜻에 맞는 낱말을 오른쪽의 터널에서 찾아 줄로 이으세요.

비슷해서 틀리기 쉬운 말 비교해서 틀리지 말자

8월 28일 목요일

오늘 심청전을 일겄는데, 심청은 효녀이다. ('읽었는데'로 쓴단다.)

바다에 뛰어들어서 연꽃이 되었다.

심청이 꽃봉우리 속에서 나왔다. ('꽃봉오리'가 맞아.)

심청이 연꽃에서 나올 때는 빗이 났을 거다. ('빛이'라고 써야 옳단다.)

눈먼 심 봉사 때문에 심청이 바다에 뛰어든다.

나가트면 많이 무서울 것 같으다. ('나 같으면'이라고 써야 해. '같다'라고 써야 한단다.)

*이 글은 초등학교 1학년 어린이가 쓴 일기입니다.

태양은 '빛나다', 머리카락은 '빗다'

태양처럼 광채가 나는 것은 '빗'이 아니라 '빛'이라고 써야 한단다. '빛'은 물체가 광선을 흡수하거나 반사해서 나타내는 빛깔을 말하는 거야. '빗'은 머리카락을 빗을 때 쓰는 도구를 말하지.

태양은 빛나다

빗
- 머리카락을 빗을 때 쓰는 도구.
- 예) 빗으로 예쁘게 빗어라.

빛
- 해·달·전등 같은 것에서 나와 사물을 밝게 비추어 주는 현상.
- 예) 사진을 찍을 때 빛이 너무 강하다.
- 표정이나 눈, 몸가짐, 행동에서 나타나는 태도나 분위기를 말할 때.
- 예) 얼굴빛이 하얗게 변했다.

머리카락은 빗다

평가 문제

1~3 다음 그림에 알맞은 낱말을 〈보기〉에서 찾아 써 보세요.

〈보기〉 발견, 측은, 배려

1.  • 훈이는 길에 떨어진 동전을 ⬤⬤ 했어요.

2.  • 영호는 몸이 불편하신 할머니를 ⬤⬤ 하여 자리를 양보해 드렸어요.

3.  • 굶주린 사람들을 보니 ⬤⬤ 한 마음이 들었어요.

4~6 주어진 문장을 바꾸어 쓸 때, 똑같은 뜻이 되려면 어떤 말을 넣어야 할까요? 빈칸에 들어갈 낱말을 〈보기〉에서 찾아 써 보세요.

〈보기〉 편견, 견본, 견학

4. 서연이는 방송국에서 <u>무슨 일을 하는지 보고 배우려고</u> 갔어요.

   ➡ 서연이는 방송국에 ⬤⬤ 을 갔어요.

5. 이것은 새로 나올 공룡 장난감의 <u>본보기가 되도록 만들어 놓은 물건</u>이에요.

   ➡ 이것은 새로 나올 공룡 장난감의 ⬤⬤ 이에요.

6. 오른손으로 글씨를 써야만 한다는 것은 한쪽으로 치우친 생각이에요.

   → 오른손으로 글씨를 써야만 한다는 것은 ◯◯ 이에요.

난 글씨를 오른손으로도 쓰고, 왼손으로도 쓸 수 있지.

7~9 다음 글을 읽고 물음에 답하세요.

> 우리 가족은 일요일에 대청소를 하기로 했습니다.
> 집이 너무 더럽다는 사실에 모두가 ㉠공감했기 때문입니다.
> 우리는 각자 어떤 일을 할 것인지 서로 ㉡___ 을 내어 정하였습니다.
> 아빠는 지하에 있는 창고 청소, 엄마는 거실 청소를 맡았습니다.
> 나는 강아지 목욕을 시키기로 하였습니다.
> 나는 내가 맡은 ㉢___ 이 마음에 들었습니다.

7. ㉠의 뜻으로 바른 것을 골라 ◯표 하세요.

   ❶ 다른 사람을 미워하는 것   ❷ 어떤 것에 대하여 남과 똑같이 느끼는 것
   ❸ 나만 잘났다고 생각하는 것   ❹ 형편이 딱함을 슬퍼하여 불쌍히 여기는 것

8. ㉡에 들어갈 알맞은 말은 무엇인지 골라 ◯표 하세요.

   ❶ 측은   ❷ 의견   ❸ 편견   ❹ 공감

9. ㉢에 들어갈 알맞은 말은 무엇인지 골라 ◯표 하세요.

   ❶ 처지   ❷ 역할   ❸ 공감   ❹ 측은

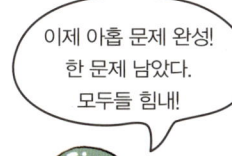

이제 아홉 문제 완성! 한 문제 남았다. 모두들 힘내!

10. 뜻에 알맞은 낱말을 찾아 이은 후, 낱말에 들어가는 한자를 찾아 이어 보세요.

| 본보기를 보이기 위해 만든 제품 | • | • 견본 • | • 地 |
| 처하여 있는 상황이나 형편 | • | • 처지 • | • 見 |

제 1 일차
05쪽 ❶ 역할 ❷ 배려 ❸ 공감 ❹ 처지 ❺ 측은
06쪽 ❶ 역할 ❷ 처지
07쪽 ❶ 측은 ❷ 배려 ❸ 공감

제 2 일차
08쪽 ❶ 흙 ❷ 뱀 ❸ 땅 ❹ 처지 ❺ 지
09쪽

10쪽

11쪽

제 3 일차
15쪽 ❶ 의견 ❷ 발견 ❸ 견학 ❹ 견본 ❺ 편견
16쪽 ❶ 발견 ❷ 견본 ❸ 의견 ❹ 편견 ❺ 견학

제 4 일차
18쪽 ❶ 눈 ❷ 사람 ❸ 보다 ❹ 견
19쪽

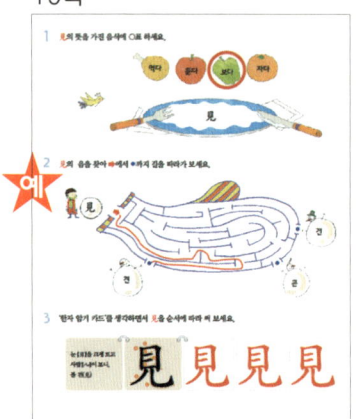

20쪽

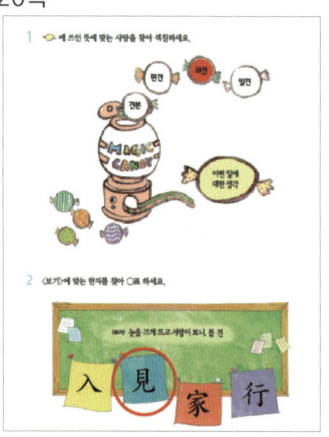

21쪽

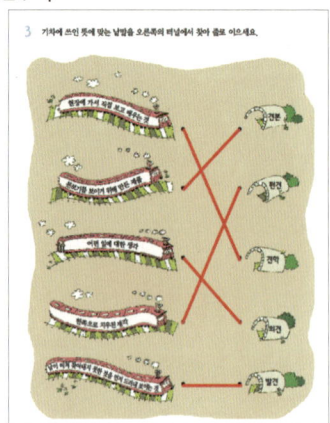

제 5 일차
24~25쪽 1. 발견 2. 배려 3. 측은 4. 견학 5. 견본 6. 편견 7. ❷ 8. ❷ 9. ❷
10. 본보기를 보이기 위해 만든 제품 – 견본 – 見, 처하여 있는 상황이나 형편 – 처지 – 地

★가 표시된 열린 미로 문제는 아이들의 생각에 따라 답을 찾아가는 길이 표시된 것과 다를 수 있습니다.

연극과 영화에 관련된 낱말

영화나 연극을 볼 때 재미있다면 그 작품이 잘 만들어졌다는 뜻이야.
작품 하나를 만들기 위해서는 많은 사람이 각자의 역할에
충실해야 하고, 또 준비를 철저히 해야 한단다.
그렇다면 작품을 만들기 위해 어떤 것들이 필요한지 알아볼까?

● **어떤 사람들이 있을까요?**

제작자(製作者) 연극이나 영화를 만드는【製作】사람【者】이에요.
배우(俳優) 배역을 맡아서 연기를 하는 사람이에요
주연(主演) 연극이나 영화에서 주인공을 맡아 하는 사람이에요.
조연(助演) 주연을 보조하는【助】 연기를【演】 하는 사람이에요.
연출(演出) 배우의 연기【演】를 이끌어 내고【出】 지휘하는 사람이에요.
작가(作家) 극본이나 대본을 쓰는 사람이에요.
영화감독(映畫監督) 영화를 촬영하는 동안 배우들과 제작진을 지도하고 영화와 관련된 모든 일을
최종 결정하는 사람이에요.
조감독(助監督) 감독을 돕는 사람으로 촬영 스케줄 작성, 연락 업무, 조연 및 엑스트라 지도 등의 일을 해요.
미술감독(美術監督) 영화에서 화면이 아름답게 나오도록 장치나 세트를 만들 때 감독하는 사람이에요.
촬영감독(撮影監督) 촬영을 할 때 영화감독을 도와서 카메라, 조명, 장비들에 관한 모든 것을 지도하는 사람이에요.

● **필요한 것은 무엇일까요?**

극본(劇本) 연극을 할 때 배우들의 대사와 동작을 적은 글이에요.
대본(臺本) 영화나 드라마를 할 때 배우들의 대사와 동작을 적은 글이에요.
녹음(錄音) 소리【音】를 기록【錄】하고 저장하는 것이에요.
조명(照明) 배우들의 얼굴이 화면에 잘 나오도록 빛을 환하게【明】 비추는【照】 일이에요.
촬영(撮影) 사람, 사물, 풍경의 모습을 사진이나 영화로 남기는 것을 말해요.
세트(set) 영화 촬영을 위하여 특별히 만들어진 여러 장치예요.
슬레이트(slate) 촬영 장면을 간단하게 기록한 작은 칠판이에요. 여기에는 각 장면의 정보를 써 놓아요.
의상(衣裳) 배우가 연기를 할 때 맡은 역할에 맞게 입는 옷이에요.
반사판(反射板) 빛을 반사시켜서 밝기를 조정하는 판인데, 배우들의 얼굴이 더 화사하게 나오게 해 주어요.

마법의 상위권 어휘 스스로 평가표

01
다음 중 뜻을 자신 있게 말할 수 있는 낱말은 ○표, 알쏭달쏭한 낱말은 △표, 자신 없는 낱말은 ×표 하세요.

역할 (   )   처지 (   )   배려 (   )   측은 (   )   공감 (   )
견본 (   )   견학 (   )   발견 (   )   편견 (   )   의견 (   )

02
다음 중 뜻과 음을 자신 있게 말할 수 있는 한자는 ○표, 알쏭달쏭한 한자는 △표, 자신 없는 한자는 ×표 하세요.

地 (   )   見 (   )

03
〈평가 문제〉를 모두 풀고 정답을 확인해 보세요. 10문항 중 내가 맞힌 문항 수는 몇 개인가요?

❶ 9-10문항 (   )   ❷ 7-8문항 (   )   ❸ 5-6문항 (   )   ❹ 3-4문항 (   )   ❺ 1-2문항 (   )

| 부모님과 선생님께 |
위에서 어린이가 스스로 적은 내용을 보고, 어린이가 어려워하는 부분을 함께 보면서 어휘의 뜻과 쓰임을
이해할 수 있도록 해 주세요.